Deutscher
Tennis Bund

Tennis-Lehrplan 2

Technik: Grundlagen

Sechste, überarbeitete Auflage

BLV

Bearbeitet durch:

Rüdiger Bornemann
Prof. Dr. Hartmut Gabler
Jock Reetz
Richard Schönborn

Demonstration der
Schlagtechniken:

Manfred Gürtner
Claus Marten

Bildnachweis:

Dieter Birkner Seite 9, 18, 32, 33, 34, 35, 36, 39, 44, 50, 54, 56, 60, 62, 66, 70, 72, 82, 89, 90, 93, 94, 95
Thomas Exler Seite 40, 42, 46
Jürgen Kemmler Seite 32 u., 37, 48/49, 52/53, 54, 58/59, 60, 64/65, 68/69, 74/75, 80/81, 86/87, 93 re.
Paul Zimmer Seite 7, 41, 72, 76, 84

Titelfoto: Klaus Ott
Grafiken: Barbara von Damnitz

BLV Verlagsgesellschaft mbH
München Wien Zürich
8000 München 40

Gesamtherstellung: Ludwig Auer GmbH, Donauwörth

Printed in Germany · ISBN 3-405-13699-7

CIP-Titelaufnahme der Deutschen Bibliothek

Tennis-Lehrplan / Dt. Tennis-Bund. – München; Wien; Zürich: BLV.
Teilw. bearb. durch d. Komm. für Lehrarbeit, Dt. Tennis-Bund (DTB), Verb. Dt. Tennislehrer (VDT)
NE: Deutscher Tennis-Bund / Kommission für Lehrarbeit; Deutscher Tennis-Bund

2. Technik: Grundlagen / [bearb. durch: Rüdiger Bornemann . . .]. – 6., überarb. Aufl. – 1990
ISBN 3-405-13699-7
NE: Bornemann, Rüdiger [Mitverf.]

Inhalt

Vorwort

Der Deutsche Tennis Bund umfaßt zur Zeit ca. 2 Millionen Mitglieder, und die weitere Entwicklung ist nach wie vor ansteigend. Von diesen Mitgliedern betreiben fast alle ihren Sport aktiv und mit Begeisterung, denn der Tennissport ist eine faszinierende Sportart. Doch für viele ist er zugleich auch technisch unerwartet schwierig. Auf allen Leistungsebenen – von der einfachen Übungsstunde über die Clubmeisterschaften und Verbandsspiele bis hin zum Spitzentennis – besteht deshalb ein großes Interesse daran, diese schwierige Technik zu verbessern, um noch erfolgreicher spielen zu können und dadurch noch mehr Freude am Tennis zu haben.
Der Deutsche Tennis Bund hat daher seine Lehrarbeit in den letzten Jahren stark intensiviert und auf eine breitere Basis gestellt. In diesem Rahmen sind auch diese Ausgaben der auf den neuesten Erkenntnissen beruhenden Tennis-Lehrpläne zu sehen. Sie sollen jedoch nicht nur die Grundlage für die Lehrarbeit der Übungsleiter, B- und A-Trainer darstellen, sondern auch allen Interessierten, vom Anfänger über den Fortgeschrittenen zum Turnierspieler, helfen, mehr vom Tennis zu verstehen und ihr Spiel zu verbessern.

Die Lehrpläne wurden von Autoren erstellt, die nicht nur die Kommission Lehrarbeit und den Sportwissenschaftlichen Beirat des Deutschen Tennis Bundes vertreten, sondern auch in der Tennislehrer- und Trainer A-Ausbildung mitwirken und somit Praxis und Theorie gut miteinander verbinden.
Ich wünsche diesen und den anderen Bänden eine gute Resonanz, danke dem Verlag und insbesondere den Autoren für das große Engagement, das sie bei der Bearbeitung dieser Bände aufgebracht haben.

Dr. Claus Stauder

Präsident des
Deutschen Tennis Bundes

Einleitung

Das wichtigste Ziel dieses und des Bandes 3 der Lehrpläne ist es, dem Lehrenden, aber auch dem Lernenden die Tennistechnik nicht nur möglichst umfassend zu beschreiben, sondern auch zu erklären. Die Tennistechnik zu erklären heißt, Verständnis für den Ablauf der Schlag- und Laufbewegungen zu vermitteln und Grundlagen für methodische Überlegungen bei Bewegungsaufgaben und Bewegungskorrekturen zu liefern. Deshalb enthält der Band 2 auch ein relativ umfangreiches Kapitel über bewegungstheoretische Grundlagen und deshalb sind die einzelnen Elemente jeder Technik auch ausführlich begründet.
Durch dieses Bemühen, möglichst viel Einsicht in die Zusammenhänge der Tennistechnik zu vermitteln, ist es zu einem Schema der Darstellung gekommen, das absichtlich inhaltliche Wiederholungen und Überschneidungen mit sich bringt. Wir sind davon ausgegangen, daß Lehrpläne in der Regel nicht von vorne bis hinten durchgelesen, sondern eher im Sinne eines Handbuchs benützt werden. Das bedeutet, daß man sie je nach Interesse, Unterrichtsziel und Fragestellung zur Hand nimmt. Insofern sind diese Wiederholungen und Überschneidungen für das Verständnis einzelner Kapitel des Buches notwendig.
Die Lehrpläne sind erneut überarbeitet worden. Dies hängt weniger mit der Entwicklung der Tennistechnik zusammen, sondern vor allem mit der zunehmenden Erkenntnis, daß es im Unterricht wichtig ist, zwischen den Teilen der Bewegung zu unterscheiden, die generell eher richtig bzw. eher falsch sind und jenen, in denen der persönliche Stil besonders zum Ausdruck kommen kann. Wenngleich die mit den Bildreihen verbundenen Texte die empfohlene Bewegungsausführung darstellen, so wird deshalb doch auch eine Vielfalt von Bewegungsspielräumen zugelassen. Nicht zuletzt zeigen auch die Weltklassespieler, wie sehr es auf der Grundlage einer soliden Technik auf den persönlichen Stil ankommt. Die Zulassung dieser Spielräume im Unterricht unter Berücksichtigung der individuellen Bedingungen des Schülers macht das Unterrichten interessant, aber auch schwierig, und zeigt noch einmal deutlich, warum die jeweiligen Begründungen so wichtig sind.
Der Einfachheit und Übersichtlichkeit wegen beziehen sich alle Bewegungsbeschreibungen, soweit dabei Richtungen oder Körperseiten relevant sind, auf Rechtshänder; Linkshänder müssen entsprechend umdenken.
Die Lehrpläne Band 2 und Band 3 sind als Einheit zu sehen. Im Band 2 werden die bewegungstheoretischen Grundlagen und die Grundtechniken dargestellt. Im Band 3 werden dann Techniken behandelt, die zum einen als Variationen der Grundtechniken zu verstehen sind, aber auch als Techniken, die in den verschiedenen Situationen des Spiels, in denen die Spieler unterschiedliche räumliche Positionen und Ziele haben, angewandt werden.
Wenngleich wir uns bemüht haben, möglichst viele Erkenntnisse der Praxis und der Theorie zu verarbeiten, so sind wir uns doch auch sicher, daß manches nach wie vor offen und diskutabel ist. Wir erhoffen uns deshalb nicht nur, daß die Bände auf ein großes Interesse stoßen und für viele eine wichtige Hilfe für ihren Unterricht darstellen, sondern auch, daß die gemeinsame Diskussion weiter angeregt wird.

Rüdiger Bornemann
Hartmut Gabler
Jock Reetz
Richard Schönborn

Bewegungstheoretische Grundlagen

Einführung

Bewegungstheoretische Überlegungen zur Begründung der Taktik und Technik im Tennis müssen – wenn auf die äußerlich beobachtbaren Merkmale des Tennisspiels eingegangen werden soll – von der Spielidee ausgehen, denn sie bestimmt die Merkmale des Spielgeschehens.

Spielidee

Die grundlegende Spielidee des Tennisspiels besteht darin, den Ball aus dem eigenen Spielfeld mit einem Schläger über das Netz in das Spielfeld des Gegners zu schlagen.
Im *wettkampforientierten Spiel* besteht das Ziel der Spielenden darin, direkte Punktgewinne zu erzielen, den Gegner zu Fehlern zu zwingen, eigene Fehler zu vermeiden, um schließlich Spiele, Sätze und Matches zu gewinnen. Die Regeln sehen vor, daß Punktgewinne erzielt werden, wenn der Gegner den in sein Feld gespielten Ball nicht mehr erreicht oder aber in das Netz oder Aus schlägt. Die angestrebten Punktgewinne können also schon mit dem ersten Schlag erzielt werden. Erfahrungsgemäß sind aber oft genug mehr Ballwechsel notwendig, um einen einzelnen Punkt zu gewinnen.
Im *nicht-wettkampforientierten Spiel* können die Spieler im Rahmen der Spielidee durchaus zu alternativen Vereinbarungen kommen, das bedeutet z. B., sich den Ball so zuzuspielen, daß keine Fehler gemacht werden und dadurch ein möglichst langer Ballwechsel zustande kommt.

Taktische Aufgaben

Im wettkampforientierten Spiel hat der Spieler eine Reihe von Möglichkeiten, seine taktischen Aufgaben zu lösen. Um Punkte zu gewinnen, kann er den Ball so schlagen, daß

- der Gegenspieler ihn nicht mehr erreicht und somit ein direkter Punktgewinn erzielt werden kann,
- der Gegner in Bedrängnis, also zum Laufen oder in eine schwierige Schlagposition gebracht wird, so daß ein eigener Punktgewinn vorbereitet oder der Gegner zu einem Fehler gezwungen wird,
- ein eigener Punktverlust vermieden wird.

Beim nicht-wettkampforientierten Spiel werden die Spieler so schlagen, daß der Verlauf und nicht das Resultat des Ballwechsels im Vordergrund steht.

Positionen und Situationen

Um bei seinen Versuchen zum Erfolg zu kommen, wird der Spieler in den verschiedensten Positionen die unterschiedlichsten Situationen bewältigen müssen. Die Positionen lassen sich grob unterteilen in Bereiche

- an der Grundlinie,
- um die T-Linie und
- am Netz.

Ballflug- und Sprungverhalten

Um die vielfältigen Aufgaben in unterschiedlichen Situationen lösen zu können, muß der Spieler das Verhalten des fliegenden und auf dem Boden auf- und abspringenden Balles berücksichtigen und unter Umständen es für die Lösung der Aufgaben ausnutzen. Dieses Ballverhalten wirkt sich im wesentlichen in folgenden Kriterien aus

- Richtung des Ballfluges (von longline bis cross),
- Höhe des Ballfluges (von flach bis hoch),
- Geschwindigkeit des Balles (von langsam bis schnell),
- Drallverhalten des Balles (Vorwärts-, Rückwärts-, Seitwärtsdrall).

Wirkungen des Schlägers beim Treffen des Balles

Um die zur Lösung der taktischen Aufgabe erforderliche Flugbahn bzw. das Absprungverhalten des Balles zu erreichen, muß der Schläger beim Treffen des Balles in bestimmter Weise geschwungen werden. Im einzelnen kommt es dabei an auf

- die Geschwindigkeit des Schlägerkopfes beim Treffen, denn sie bestimmt im wesentlichen die Geschwindigkeit des geschlagenen Balles,
- die Richtung der Schlagbewegung im Hinblick auf die räumlichen Ziele (cross, longline),
- die Richtung der Schlagbewegung im Hinblick auf das gewünschte Drallverhalten des Balles,
- die Stellung der Schlagfläche beim Treffen, denn sie wirkt sich auf die Höhe des Ballfluges aus.

Bewegungstechniken

Um die eben aufgeführten Wirkungen des Schlägers beim Treffen des Balles zu erzielen, muß der Spieler bestimmte Bewegungstechniken anwenden. Technik (als Sammelbegriff für die verschiedenen Bewegungstechniken) ist also nicht Selbstzweck, sondern stellt – wenn sie zweckmäßig sein soll – die beste unter den möglichen Bewegungsleistungen für die optimale taktische Lösung der jeweiligen Aufgabe in der jeweiligen Spielsituation dar. Sie ist damit auch keine feststehende Größe, sondern ist als angemessene Anpassung an die manchmal wiederkehrenden, aber überwiegend sich ändernden Spielsituationen zu verstehen.
Wie sich die Technik also darstellt, ist in erster Linie abhängig von ihrer Funktion, den Ball zu treffen und zielgenau zu schlagen.
Darüberhinaus hängt die Struktur der Technik selbstverständlich von den individuellen Voraussetzungen des Tennisspielers und einer Reihe von externen Bedingungen ab.
Derartige individuelle Voraussetzungen des Spielers sind:

- der Bau seines Körpers, d. h. beispielsweise die Anordnung und Funktionsweise der gelenkig miteinander verbundenen Glieder,
- seine Fähigkeiten wie Koordinationsfähigkeit, Kraft, Ausdauer, Schnelligkeit,
- psychische Faktoren wie Motivation und Intelligenz.

Dazu kommen folgende externe Bedingungen:

- das Verhalten des ankommenden Balles,
- die Gegebenheiten des Platzes (Beschaffung, Abmessung u. a.),
- die Eigenschaften des Schlägers und seiner Besaitung,
- das Wetter (Wind, Sonne),
- die Aktionen des (bzw. der) Gegenspieler (ggf. des Mitspielers).

In der Praxis hat sich im Rahmen der Bewegungstechniken eine Reihe von ganz bestimmten Lösungsmustern etabliert. Sie werden zum einen als Beinarbeit und zum anderen als Schlagtechniken bezeichnet.
Erfolgreich Tennis spielt man insbesondere dann, wenn man diese Techniken beherrscht, das heißt konkret, wenn man mit ihrer Hilfe die vielfältigen Situationen lösen kann.
Insbesondere der Lehrende sollte diese Techniken kennen und beurteilen können. Dann ist er auch in der Lage, sie lernenden und trainierenden Tennisspielern zu vermitteln und dabei auftretende Fehler zu korrigieren.
Anliegen des vorliegenden Lehrplans ist die Erfassung, Beschreibung und Begründung der verschiedenen Techniken. Es werden also *Bewegungen analysiert* mit dem Ziel, deren Optimum (bestmögliche Ausprägung) zu bestimmen und sie den Lernenden und Lehrenden als Sollwerte zu empfehlen. Dabei stehen die Schlagtechniken im Vordergrund.

Theoretische Ansätze zur Bewegungsanalyse

Es existieren eine Reihe unterschiedlicher Ansätze zur Bewegungsanalyse. Diese heben sich voneinander insbesondere dadurch ab, daß sowohl das Erkenntnisinteresse, als auch das Vorgehen des Analysierenden unterschiedlich sind.
GÖHNER nennt Fragen nach den *Inhalten* von Bewegungsabläufen, ihrer *Ordnung,* ihres *Optimums* und ihrer *Aufgaben* als Er-

kenntnisinteresse. Dabei wird in unterschiedlicher Weise qualitativ (subjektive Beurteilung) oder quantitativ (objektive Messung), sportartspezifisch oder übergreifend, ganzheitlich oder ausschnitthaft vorgegangen.
Es lassen sich für die Behandlung der Thematik im vorliegenden Lehrplan folgende speziellen Ansätze nutzbar machen:

- biomechanisch-qualitativer Ansatz
- morphologischer Ansatz,
- mechanischer Ansatz,
- funktionsanalytischer Ansatz.

Biomechanisch-qualitativer Ansatz

Dieser Ansatz geht zunächst davon aus, daß im Streben nach Optimierung größtmögliche mechanische Arbeit gegen Widerstand geleistet wird und Energien so gut wie möglich für spezifische Bewegungsformen ausgenutzt werden (HOCHMUTH). Das geschieht dann unter strengen ökonomischen Gesichtspunkten bei Ausschöpfung der Gesetze der Mechanik sowie des Baus und der physiologischen Funktion des menschlichen Körpers. Unter Berücksichtigung aller dieser Bedingungen und identischer Optimierungsforderungen sind für alle Sportarten allgemeingültige, theoretische Gesetzmäßigkeiten formuliert worden. Diese *biomechanischen Prinzipien* gestatten eine qualitative Beurteilung der Ausprägung aller sportlichen Bewegungen unter dem Blickwinkel ihrer bestmöglichen Wirkung.

Morphologischer Ansatz

Der morphologische Ansatz bezieht sich im Gegensatz zum biomechanischen Ansatz eher auf Beschreibung des äußeren Erscheinungsbildes und die Analyse des Bewegungsablaufs nach zeitlichen, räumlichen und dynamischen Gesichtspunkten. Erfahrungswissen zahlreicher Experten aus vielen Sportarten wurden zunächst zur Beantwortung der Frage zusammengetragen, welche sichtbaren Merkmale unbestritten eine optimale Bewegung ausmachen. Die Erfassung dieser Merkmale (MEINEL) wird durch systematische Beobachtungen und theoretische Analysen zu Zielen und Bedingungen der entsprechenden Bewegungen ergänzt.
Die so entstandenen *morphologischen Bewegungsmerkmale* ermöglichen dann auf der Grundlage einer dreiteiligen Phasenstruktur eine qualitative Beurteilung der Ausprägung eines Bewegungsablaufs.

Mechanischer Ansatz

Der mechanische Ansatz ergänzt die anderen Ansätze. Er erfaßt die Auswirkung der sportlichen Technik auf das Gerät und verfolgt die Bewegung dieses Gerätes bis zu seinem Ziel. Dabei werden physikalisch-*mechanische* Gesetzmäßigkeiten zu Rate gezogen.

Funktionsanalytischer Ansatz

GÖHNER geht in seinem funktionsanalytischen Ansatz davon aus, daß bei der Analyse von Bewegungen nicht in erster Linie der Ablauf der Bewegung beschrieben werden soll, sondern eher die einzelnen Teile der Bewegung im Blick auf das Bewegungsziel zu gewichten sind. Es wird also nach der *Funktion* der einzelnen Bewegungsteile gefragt. Diese Funktion ergibt sich aus dem jeweiligen Bewegungsziel und den entsprechenden Rahmenbedingungen. Solche Bedingungen sind das Gerät, die Umgebung, die Regeln und der Sportler selbst, die die Zielerreichung begünstigen oder einschränken können.
Der funktionsanalytische Ansatz wird im folgenden noch genauer erläutert, weil er die Grundlage für die Darstellung der Techniken in den Lehrplänen 2 und 3 bildet.
Das begründet sich wie folgt: Technik im Tennis ist keine Konstante. Wie eingangs erläutert, stellt sie unter der jeweiligen taktischen Zielstellung eine Anpassung an veränderliche äußere Bedingungen dar. Aber selbst Spitzenspieler zeigen in identischen Situationen nicht völlig identische Techniken. Oft genug sehen diese Techniken sogar recht unterschiedlich aus. Bei genauer Analyse stellt man allerdings fest, daß bestimmte Teile der Bewegung übereinstimmen, andere durchaus unterschiedlich sind.
Es scheint also für die Erfüllung der Funktion einer Technik sowohl unverzichtbare als auch in Grenzen durchaus variable Elemente zu geben. Damit stellt sich die Frage, wie diese Elemente aussehen bzw. in welchen Spiel-

räumen sie veränderlich sein können und von welchen Bedingungen ihre Ausprägung abhängig ist.
Die Beantwortung dieser Frage enspricht dem *funktionsanalytischen Ansatz,* der deshalb in den vorliegenden Lehrplänen zur Beschreibung und Analyse von Techniken angewandt wird. Ausgehend von ihrer Zielstellung in Abhängigkeit von ihren Rahmenbedingungen werden Teilaktionen der verschiedenen Techniken unterschiedlich gewichtet, entweder als fester Sollwert oder als Veränderliche innerhalb definierter Spielräume. Zur Begründung der spezifischen Ausprägung dieser Teilaktionen werden überdies der *mechanische Ansatz* und eine Kombination des *biomechanisch-qualitativen und morphologischen Ansatzes* herangezogen.
Biomechanische Prinzipien und morphologische Bewegungsmerkmale sowie physikalisch-mechanische Gesetzmäßigkeiten dienen dann der Beurteilung der verschiedenen Aktionen in der neu gewonnenen Phasenstruktur der Techniken.
Insofern wird im folgenden zunächst der funktionsanalytische Ansatz konkretisiert, anschließend nacheinander morphologische Bewegungsmerkmale, biomechanische Prinzipien und Ballmechanik (Flug- und Sprungverhalten des Balles) dargestellt und schließlich die Ausprägung der wichtigsten Techniken begründet.

Das Konzept der »funktionalen Bewegungsanalyse«

Bewegungsziele

Der funktionsanalytische Ansatz wird im folgenden *funktionale Bewegungsanalyse* genannt. Es liegt dieser Analyse also ein funktionales Bewegungsverständnis zugrunde, d. h.,

- daß Bewegungen im Tennis stets als Lösungsmöglichkeiten für Aufgaben zu verstehen sind, bei denen jeweils erst zu analysierende Bewegungsziele unter spezifischen Rahmenbedingungen zu erreichen sind,
- daß sowohl die Ziele als auch die Rahmenbedingungen nicht unabänderlich festgelegt sein müssen,
- daß den beobachtbaren Aktivitäten eines Tennisspielers in der Regel eine Funktion im Hinblick auf die zu erreichenden Ziele und die dabei einzuhaltenden Rahmenbedingungen zugeordnet werden kann.

Ein Beispiel soll dies verdeutlichen. Beim Aufschlag besteht die Aufgabe zunächst einmal nur darin, den Ball in das gegnerische Aufschlagfeld zu schlagen. Analysiert man genauer, so kann das Ziel lediglich darin bestehen, den Ball »ins Spiel zu bringen«; in diesem Fall ergibt sich als *Lösungsmöglichkeit,* den Ball entweder »von unten« oder »von oben« ohne besonderen Drall zu schlagen. Hat man dagegen das *Ziel,* den Gegner durch den Aufschlag stark in Bedrängnis zu bringen, d. h., den Ball mit hoher Geschwindigkeit zu schlagen, dann ergibt sich aufgrund der spezifischen *Rahmenbedingungen* (Größe und Reichweite des Spielers, Höhe des Netzes und Maße des Aufschlagfeldes) die Notwendigkeit, den Ball so zu schlagen, daß er zumindest in einer leicht gekrümmten Flugbahn fliegt. Hieraus läßt sich ableiten, welche *Aktionen* des Spielers notwendig bzw. mehr oder weniger sinnvoll sind, um dieses Ziel zu erreichen.
Die zentrale Idee der funktionalen Bewegungsanalyse ist also zu prüfen, welche Ziele in der einzelnen Bewegungsaufgabe vorliegen und welche Rahmenbedingungen gegeben sind; dementsprechend ist zu prüfen, welche Funktionen die Aktionen des Spielers im Hinblick auf die zu analysierenden Ziele und Bedingungen haben. Dabei zeigt sich, daß es einerseits Aktionen gibt, die aus biomechanischen Gründen in ihrem Ablauf so genau festgelegt sind, daß man sie als vorgeschrieben bezeichnen kann, und daß es andererseits aber auch Aktionen gibt, die in ihrem Ablauf individuelle Spielräume zulassen, so daß es auch Alternativaktionen geben kann.
Im ersten Falle sind deshalb für die Bewertung der Aktionen Kategorien wie »richtig« und »falsch«, im zweiten Tall dagegen eher Kategorien wie »zweckmäßig«, »weniger zweckmäßig« und »unzweckmäßig« angemessen. Anders formuliert: Bezüglich der Kategorien richtig/falsch gibt es lediglich die Alternative richtig

oder falsch, bezüglich der Kategorie sinnvoll gibt es dagegen Abstufungen in Richtung mehr oder weniger sinnvoll.

Hauptaktion

Geht man von diesem Ansatz aus, d. h. fragt man zunächst nach den Zielen und berücksichtigt hierbei die individuellen und sachlichen Bedingungen, dann muß man im Hinblick auf die Aktionen des Spielers, die notwendig und zweckmäßig sind, um all den Bedingungen gerecht zu werden, zunächst jene Teilaktionen herauslösen, deren Notwendigkeit in vollem Maße gegeben ist. Ein weiteres Beispiel soll dies im folgenden verdeutlichen. Hat ein Spieler das Ziel, einen Ball von seiner Grundlinie aus so zu schlagen, daß er mit hoher Geschwindigkeit kurz vor der gegnerischen Linie aufspringt (demnach »Länge« hat), dann kann er diese Aufgabe durch folgende Aktion lösen:

- Er muß den Schläger mit hoher Beschleunigung gegen den ankommenden Ball schwingen; dadurch erzielt er die hohe Geschwindigkeit des von ihm zu schlagenden Balles.
- Damit der Ball jedoch nicht zu weit fliegt und im Aus landet, ist es notwendig, ihm einen Vorwärtsdrall zu geben, so daß er wegen der dadurch verursachten, nach unten gekrümmten Flugbahn noch vor der gegnerischen Grundlinie aufspringt und somit die gewünschte Länge hat; dieser Vorwärtsdrall wird dadurch erzielt, daß der Schläger mit senkrechter Schlagfläche flach vorwärts-aufwärts gegen den Ball geschwungen wird.
- Der Ball muß schließlich vor der Hüfte und mit fixiertem Handgelenk getroffen werden, damit zwei weitere Ziele, nämlich Genauigkeit und Sicherheit erreicht werden (vgl. S. 31).

Diese Aktion – starkes Beschleunigen und relativ flaches vorwärts-aufwärts gerichtetes Schwingen des Schlägers sowie Treffen des Balles mit senkrechter Schlagfläche und fixiertem Handgelenk wird als *Hauptaktion* bezeichnet. Diese Hauptaktion ist absolut notwendig, um den Zielbedingungen gerecht zu werden. Die Abbildung 1 zeigt die Phasen eines Vorhand-Grundschlages. Die Schlagphase fängt vor dem Wendepunkt der Schleife an und ist im Treffpunkt zu Ende. Die Hauptaktion beginnt innerhalb der Schlagphase im Bereich des unteren Bogens und endet ebenso im Treffpunkt. Die Struktur der Hauptaktion ist also für die jeweilige Schlagtechnik genau festgelegt. Dabei hängt die Ausprägung der Geschwindigkeit des Schlägers und seiner Schwungrichtung von den Erfordernissen der augenblicklichen Spielsituation ab.

Hilfsaktionen

Nun gibt es allerdings noch eine Reihe von Hilfsaktionen, die zur Unterstützung dieser Hauptaktion sinnvoll und zweckmäßig, allerdings in ihrer Form nicht exakt vorgeschrieben sind:

- Durch ein schwungvolles Ausholen mit fließendem, bogenförmigem Übergang zur Schlagphase wird die Beschleunigung des Schlägers unterstützt; die Form dieses Übergangs ist jedoch nicht genau festzulegen, denn die gewünschte Beschleunigung kann auch ohne ausgeprägten Bogen erzielt werden.

Abb. 1: Schematisierte Zeichnung der Schleifenform eines Grundschlages

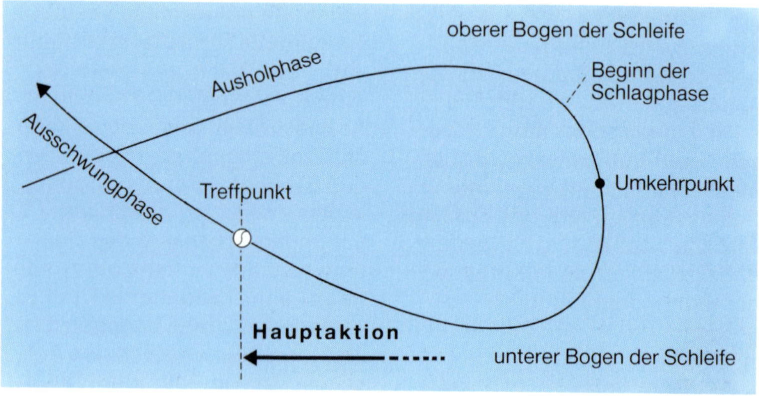

- Durch das seitliche Vorsetzen des vorderen Beines kann das Körpergewicht während der Schlagphase auf das vordere Bein verlagert werden; beim Grundschlag mit Vorhand wird der Körper zur Unterstützung des Bewegungsbeschleunigung und zur Erleichterung des Treffens in die Schlagrichtung hineingedreht; bei der Frage, in welche Richtung das vordere Bein vorgesetzt werden und welcher Abstand zwischen dem vorderen und hinteren Bein bestehen soll, ergeben sich jedoch wiederum größere Spielräume, je nachdem, wie groß die Standfestigkeit sein soll und welche Aktionen (insbesondere Laufbewegungen) nach dem Schlagen folgen sollen.
- Die angestrebte Geschwindigkeit des zu schlagenden Balles wird auch dadurch unterstützt, daß der Ball seitlich und vor der Hüfte mit fixiertem Handgelenk getroffen wird, wobei der Ball beim Aufprall auf die Schlagfläche insbesondere dann einen hohen Widerstand erfährt und mit großer Wucht zurückfliegt, wenn (bezogen auf den Grundschlag mit Vorhand) der Vorhandgriff benutzt wird; es gibt allerdings Spieler, die Varianten des Vorhandgriffes benutzen, ohne daß dies für die Wirkung besonders nachteilig sein muß.
- Schließlich fördert ein ausgeprägtes Fortsetzen der Schwungbewegung über die Schlagphase hinaus in die Ausschwungphase die Kontrolle des Treffens und verbessert Bewegungsfluß und Ökonomie der Bewegung.

Hilfsaktionen zur Unterstützung des Ziels, dem Ball Vorwärtsdrall zu geben, sind vor allem:

- Verlagern des Körperschwerpunktes in der Ausholphase nach unten, damit der Schläger in der Schlagphase leichter vorwärts-aufwärts geschwungen werden kann.
- Senken des Schlägerkopfes zu Beginn der Schlagphase, damit er in der Hauptaktion vorwärts-aufwärts gegen den Ball geschwungen werden kann und der Ball den gewünschten Vorwärtsdrall erfährt.
- Strecken der Beine in der Schlagphase zur Unterstützung der Schlagbewegung
- Verwenden des Vorhand- bzw. Rückhandgriffes (beim Grundschlag mit Vorhand- bzw. Rückhand), so daß die Schlagfläche im Moment des Treffens des Balles im optimalen Treffpunkt senkrecht gestellt werden kann.

Alle diese Hilfsaktionen sind jedoch nicht unbedingt notwendig; erst recht ist ihre Ausführung – wie tief ist der Körperschwerpunkt zu verlagern, der Schlägerkopf zu senken, wie weit soll beim Vorhandschlag umgegriffen werden? – nicht präzise vorzuschreiben.

Spielräume, Fehler und Mängel

Nach diesen Ausführungen kann jedoch eine erste Antwort auf die Frage gegeben werden, was bei der Bewegungsanalyse und Bewegungskorrektur als richtig und was als falsch zu beurteilen ist: Die zur Lösung einer bestimmten Bewegungsaufgabe notwendige *Hauptaktion* ist festgelegt. Ein Abweichen von dieser festgelegten Bewegungsform ist fehlerhaft. Im Rahmen der *Hilfsaktionen* – vor allem innerhalb der Aushol- und Ausschwungphase, weniger dagegen innerhalb der Schlagphase – sind jedoch z. T. solch große *Bewegungsspielräume* mit ihren jeweiligen Vor- und Nachteilen gegeben, daß es schwierig ist, ihre Grenze zu markieren. Sie sind jedoch in jedem Falle auch dann als fehlerhaft zu bezeichnen, wenn durch sie die Hauptaktion nicht zweckmäßig unterstützt, sondern gegebenenfalls geradezu negativ beeinflußt und behindert wird. Es empfiehlt sich deshalb, nicht nur von Fehlern, sondern auch von Mängeln zu sprechen, wenngleich der Übergang zwischen Mängeln und Fehlern fließend ist. Unter Mangel wird hierbei verstanden, daß die Hilfsaktionen die Hauptaktion nicht optimal unterstützen. Der Mangel wird dann zum Fehler, wenn die Nachteile der Hilfsaktionen gegenüber den Vorteilen überwiegen.

Stil

Da die Hilfsaktionen relativ große Spielräume zulassen, kann in ihnen die individuelle Ausprägung der Bewegungen am besten zur Geltung kommen, zumal die Aushol- und Ausschwungphase auch

zeitlich gesehen den größten Spielraum ermöglichen. Diese individuelle Bewegungsausprägung ist als *Bewegungsstil* zu bezeichnen und kommt vor allem in der räumlichen und zeitlichen Gestaltung der Gesamtbewegung zum Ausdruck. Merkmale dieser individuellen Bewegungsdynamik und Bewegungsform sind z. B. Bewegungsumfang und Bewegungsrhythmus. Das trifft vor allem auf den Aufschlag zu, der häufig in sehr individueller Weise ausgeführt wird, insbesondere im Hinblick auf die Weite der Ausholbewegung und auf den zeitlichen Beginn der Bewegungsbeschleunigung im Übergang zur Hauptaktion.
Diese individuellen Bewegungsmerkmale hängen ihrerseits wiederum mit Merkmalen der Konstitution, der Kraft, der Schnelligkeit, des Temperaments und der Motivation zusammen. So haben z. B. kleinere Spieler häufig schwungvollere und schnellere Bewegungen, größere dagegen ruhigere und präzisere. Temperamentvollere Spieler bevorzugen ebenfalls schwunghafte Aktionen und relativ große Ausholbewegungen, sie neigen zu ausgeprägtem Griffwechsel und variantenreicher Technik. Spieler, die eher eine Defensivtaktik anwenden, bevorzugen dagegen eher ruhigere, ökonomischere und präzisere Bewegungen.
Im Tennisunterricht kommt es darauf an, solche individuellen Persönlichkeitsbedingungen zu erkennen und zu berücksichtigen, d. h. insbesondere, bei der Ausprägung des persönlichen Bewegungsstils zur Geltung kommen zu lassen. Betrachtet man nach diesen Erörterungen Weltklassespieler, die sich aus der Sicht des unbefangenen Beobachters trotz höchsten Spielkönnens erstaunlich unterschiedlich bewegen, dann kann man zu dem Schluß kommen, daß sie einerseits ihre Hauptaktionen im Hinblick auf die Ziel- und Rahmenbedingungen weitgehend perfekt (und somit auch erfolgreich) ausführen, andererseits allerdings auch in ihren Hilfsaktionen individuelle Persönlichkeitsbedingungen in besonders ausgeprägter Weise zur Geltung bringen.

Prinzipien funktionaler Korrektur

Bei der Beurteilung der Qualität von Schlagtechniken ist somit in erster Linie zu entscheiden, ob der getroffene Ball sein taktisch bedingtes Zielfeld mit einer angemessenen Geschwindigkeit und Flugbahn sowie für diese Situation notwendigem Drall erreicht. Werden diese Absichten nur teilweise oder gar nicht verwirklicht, dann ist zu ermitteln, ob entweder

- die Hauptaktion fehlerhaft war oder
- eine bzw. mehrere Hilfsaktionen nicht mehr innerhalb vertretbarer Spielräume lagen, sie also damit die Hauptaktion verhindert oder erschwert haben.

Für eine solche Entscheidung ist es selbstverständlich erforderlich, die unterschiedlichen Aktionen für die verschiedenen Schläge zu kennen und die auf die entsprechende Situation bezogene Ausformung beurteilen zu können. Diese Analyse wird nur dann gelingen, wenn man Kriterien zur Hand hat, mit deren Hilfe die Ausprägung der Hauptaktion und die Spielräume der Hilfsaktionen begründet werden können.
Solche Kriterien bilden qualitative Bewegungsphänomene (biomechanische Prinzipien in Verbindung mit morphologischen Bewegungsmerkmalen) sowie mechanische Gesetzmäßigkeiten des Ballflugs und -absprungs.

Qualitative Bewegungsphänomene

Biomechanische Prinzipien

Der Bau und die Funktion des menschlichen Körpers, d. h. der durch die Muskulatur bewirkte Einsatz der Gliedmaßen in bestimmter Reihenfolge, bilden die biomechanische Ausgangsbedingung für das Gelingen des erforderlichen Schlägerschwunges. Infolge dieser Vorbedingungen wird der Schläger oft genug nur angenähert oder kurzfristig auf einer idealtypischen Bahn schwingen können.
Das Ausschöpfen aller sinnvollen Bewegungsmöglichkeiten zur Lösung der gegebenen Situation stellt dann die optimale, biomechanisch richtige Schlagtechnik dar.

Biomechanische Prinzipien erfassen die auf die Bewegung des Menschen anzuwendenden mechanischen Gesetzmäßigkeiten. Sie dienen der Optimierung der Technik unter Berücksichtigung der spezifischen Bedingungen und Zielsetzungen der einzelnen Sportarten. Die für Tennis relevanten Prinzipien sind im folgenden in Anlehnung an HOCHMUTH und WIEMANN für die Erfordernisse dieser Sportart formuliert worden (vgl. auch S. 41).

Prinzip der optimalen Treffchancen

> Soll dem Ball situationsabhängig eine bestimmte Geschwindigkeit, ein bestimmter Abflugwinkel und Drall erteilt werden, dann müssen auch die Treffchancen optimal sein. Das bedeutet, daß der Schläger mit optimaler Griffhaltung und fixiertem Handgelenk, in günstiger seitlicher Entfernung, bei stabilem Gleichgewicht, an einem optimalen Punkt getroffen wird.

Damit hängt die spielbestimmende Flugbahn des Balles im wesentlichen von der *Präzision* der Geschwindigkeit und der Schwungrichtung des Schlägers sowie der *Konstanz* der Schlägerneigung beim Treffen ab. Die Lage des Treffpunkts, der exakt erreicht werden muß, bestimmt sich durch die Schlagtechnik, Griffhaltung und Treffhöhe.

Prinzip des optimalen Beschleunigungsweges

> Soll bei einer Schlagbewegung im Treffpunkt eine hohe Geschwindigkeit erreicht werden, so ist unter Berücksichtigung des vorhandenen Muskelkraftniveaus und Koordinationsvermögens ein optimal langer Beschleunigungsweg auszunutzen. Er soll geradlinig oder wenig gekrümmt sein.

Die Bewegung muß *flüssig* sein und hinsichtlich ihres *Umfangs* und *Rhythmus* optimiert werden. Neben dem Erreichen einer hohen Schlägergeschwindigkeit kann damit auch die Genauigkeit des Schlages verbessert werden, weil bei einem geradlinigen oder leicht gekrümmten Beschleunigungsweg, der auf das Ziel gerichtet ist, auch die Treffgenauigkeit zwangsläufig größer sein wird.

Prinzip der Koordination der Teilimpulse

> Wenn der Schläger in der Schlagphase eine große Geschwindigkeit erreichen soll, ist es notwendig, daß alle beteiligten Muskelgruppen so koordiniert werden, daß sie nacheinander von unten nach oben und von innen nach außen zu arbeiten beginnen. Dann können die der Beschleunigung dienenden Kraftwirkungen ihr Optimum gleichzeitig im Treffpunkt erzielen.

Der Schläger soll also nicht nur durch die Arm- und Handmuskeln, sondern auch durch die Muskulatur der Beine und des Rumpfes beschleunigt werden:

- Dadurch wird zunächst die *Ökonomie* der Bewegung verbessert, weil Arm- und Handmuskeln unterstützt werden.
- Um das *Bewegungstempo* zu steigern, müssen die oben genannten Teilbewegungen optimal miteinander verbunden werden. Dazu muß die Bewegung in der Schlagphase von den Beinen ausgehen und nacheinander die angrenzenden Körperteile nach oben und von innen nach außen erfassen.
  So werden die Impulse schrittweise weiter übertragen (»Impulserhaltung«). Die Geschwindigkeit des jeweils nächsten Körperteils steigert sich bei gleichzeitiger Verzögerung des vorherigen Teils. Somit kann der Schläger als letztes Glied dieser Kette eine maximale Geschwindigkeit erhalten.

Prinzip der optimalen Muskelvordehnung

> Soll mit einer Schlagbewegung eine hohe Endgeschwindigkeit erreicht werden, müssen die Arbeitsmuskeln innerhalb der Ausholbewegung optimal vorgedehnt werden. Während sich die Ausholbewegung von außen nach innen und dann nach unten vollzieht,

soll die Vordehnung nacheinander die Muskulatur von unten nach oben und von innen nach außen erfassen.

Unter einer optimalen Vordehnung versteht man

- diejenige Vordehnung, die flüssig und unmittelbar in die Muskelkontraktion übergeht, wodurch so gespeicherte mechanische Energie zur biochemischen Energie des Muskels hinzukommen kann (»Reboundeffekt« zur Vergrößerung der *Bewegungsstärke*).
- eine Vordehnung, die etwas unterhalb des Dehnungsmaximums liegt,
- eine Vordehnung, bei der während der Ausholphase für eine zeitliche Verschiebung von unten nach oben und von innen nach außen gesorgt wird, um dem folgenden nacheinander beginnenden Einsatz der Teilbewegungen der Schlagphase gerecht zu werden (vergleiche Koordination der Teilimpulse),
- eine Vordehnung, bei der der Schläger auf einer gekrümmten Bahn ohne Pause in die Schlagrichtung schwingt, um so einen optimalen Beschleunigungsweg zu sichern, der seinerseits zu einem hohen *Bewegungstempo* führt.

Prinzip der Gegenwirkung

Die Gesetzmäßigkeit »Aktion – Reaktion« (Wirkung – Gegenwirkung) ist bei den Schlagbewegungen aufgrund der Besonderheiten des Bewegungsapparates und der spezifischen Aufgabenstellung zweckmäßig auszunutzen.

So kann etwa bei festem Stand auf der Spielfläche in der Ausholphase durch das Verwringen von Oberkörper zu Unterkörper eine optimale Muskelvordehnung erreicht werden. Damit kann eine größere Beschleunigung des Schlägers erzielt werden (Abb. 2).

Abb. 2: Verwringung in der Ausholphase eines Topspinschlages

Abb. 3: Gegenbewegung beim Slice-Rückhand

Abb. 4: Gegenbewegung beim Schmetterball

In der Schlagphase erfolgt in Abhängigkeit von angewendeter Schlagtechnik und geplanter Schlaggeschwindigkeit eine verschieden ausgeprägte Gegenbewegung von linker Hand, Rumpf und Beinen zur Kontrolle des Treffens (Abb. 3).
Hat der Spieler während seiner Schlagbewegung kurzfristig keinen Bodenkontakt, ergeben sich Gegenbewegungen zu dieser (Abb. 4), zur Kontrolle oder zur schnellen Wiederherstellung des Gleichgewichts nach der Landung.

Morphologische Bewegungsmerkmale

Mit Hilfe morphologischer Bewegungmerkmale (vgl. auch S. 12) lassen sich die ganzheitlichen Qualitäten der verschiedenen Techniken beurteilen (Tab. 1).

Gesetzmäßigkeiten des Flug- und Absprungverhaltens des Balles

Zuvor wurde festgestellt, daß die erfolgreiche Lösung der jeweiligen Spielsituation vom optimalen Treffen des Balles abhängt.
Im Treffpunkt werden durch die dosierte Schlagbewegung Geschwindigkeit, Richtung und Drall auf den Ball übertragen.
Im folgenden soll die Wirkung dieser Schlagbewegung auf den Ball, seine Flugbahn sowie sein Auf- und Absprungverhalten dargestellt werden. In dieser Darstellung bleibt zunächst unberücksichtigt, daß der zu treffende Ball grundsätzlich bereits eine bestimmte Geschwindigkeit, Richtung und Drall hat. Die Berücksichtigung dieser Vorbedingungen des Balles wird dann im abschließenden Abschnitt erfolgen.
Die im folgenden abgebildeten Grafiken enthalten eine Reihe von Abkürzungen, die in der Legende S. 20 erläutert werden.

Tabelle 1: Morphologische Bewegungsmerkmale (nach MEINDEL)

Elementare Bewegungsmerkmale	Bewegungsfluß	– Kontinuität des Verlaufs der Bewegung – abgestimmtes Verhältnis der Kraftimpulse im Verhältnis zu äuß. Kräften (Problemstellen: Richtungsänderungen, Zeitpunkt des Wirkens äußerer Kräfte)
Elementare Bewegungsmerkmale	Bewegungspräzision	– Übereinstimmung von Soll- und Istwert bezüglich räumlich-zeitlicher und dynamischer Merkmale – Treff- und Zielgenauigkeit
Elementare Bewegungsmerkmale	Bewegungskonstanz	– Übereinstimmung wiederholter Bewegungsabläufe beim Vergleich untereinander
Elementare Bewegungsmerkmale	Bewegungsumfang	– Räumliche Ausgedehntheit eines Bewegungsablaufs in Abhängigkeit von äußeren Bedingungen
Elementare Bewegungsmerkmale	Bewegungstempo	– Merkmal der Schnelligkeit von ganzen und Teilbewegungen in Abhängigkeit von äußeren Bedingungen
Elementare Bewegungsmerkmale	Bewegungsstärke	– Größe des Krafteinsatzes beim Bewegungsvollzug in Abhängigkeit von äußeren Bedingungen
Komplexe Bewegungsmerkmale	Bewegungsrhythmus	– Charakteristische zeitliche Ordnung eines Bewegungsablaufs, sichtbar im dynamischen, auch räumlich-zeitlichen Verlauf – Wiederholung gleichartiger Grundelemente
Komplexe Bewegungsmerkmale	Bewegungskopplung	– Verbindung der Teilbewegungen hinsichtlich Zeit, Umfang und Kraftaufwand – Zeitliche Verschiebung von Teilbewegungen u. Formen des Rumpfeinsatzes

Zeichenerklärungen

S: Schwerpunkt des Balles
v_s: Geschwindigkeit des Schlägers
v_B: Geschwindigkeit des Balles nach dem Treffen
v_1: Geschwindigkeit des Balles vor dem Aufsprung auf dem Boden
v_2: Geschwindigkeit des Balles nach dem Absprung vom Boden
a: Abstand des Schlagimpulses vom Schwerpunkt des Balles
u: Rotationsgeschwindigkeit (Drall) des Balles nach dem Treffen
u_1: Rotationsgeschwindigkeit des Balles vor dem Aufsprung auf den Boden
u_2: Rotationsgeschwindigkeit des Balles nach dem Absprung vom Boden
α: Auftreffwinkel (Einfallswinkel) des Balles auf dem Schläger bzw. Boden (seitliche Sicht)
β: Abflugwinkel (Ausfallswinkel) des Balles vom Schläger bzw. Boden (seitliche Sicht)
γ: Abflugwinkel des Balles vom Schläger (Aufsicht)
P: Impuls
Px: Waagerechter Anteil des Impulses
Py: Senkrechter Anteil des Impulses
Q: Querkraft (Magnuskraft) auf den rotierenden Ball
L: Relative Luftströmung

Bestimmungsgrößen für die Flugbahn und das Absprungverhalten des Balles

Die Flugbahn des Balles wird bestimmt durch

- seine Abfluggeschwindigkeit (langsam, schnell),
- seine Abflugrichtung (hoch, flach, links, rechts),
- seinen Drall (vorwärts, rückwärts, seitwärts),
- seinen Luftwiderstand
- die Schwerkraft.

Das Absprungverhalten resultiert aus

- seiner Geschwindigkeit beim Auftreffen auf den Boden,
- seinem Aufsprungwinkel auf den Boden,
- seinem Drall,
- der Bodenbeschaffenheit (Asche, Kunststoff, Rasen usw.).

Kontakt zwischen Schläger und Ball-Wirkung auf die Flugbahn des Balles

Vorgang des Treffens

Der Schläger wird gezielt gegen den anfliegenden Ball geschwungen. Das Treffen des Balles durch den Schläger ist ein Stoßvorgang, bei dem komplizierte Schwingungsvorgänge im Schläger und im Arm auftreten. Bei der Geschwindigkeitsübertragung auf den Ball kommt es zu erheblichen Formveränderungen von Ball und Bespannung als Folge ihrer Elastizität. Bei steigenden Schlägergeschwindigkeiten nehmen auch die Verformungen zu. Durch die Geschwindigkeit des Schlägers und die Aufhebung dieser Verformungen erfährt der Ball seine Beschleunigung.

Es gibt zwei grundsätzlich unterschiedliche Möglichkeiten, den Ball mit dem Schläger zu treffen:

- Der Schläger trifft den Ball zentral, d. h. der Schlagimpuls (Schlägermasse × Schlägergeschwindigkeit) ist auf den Schwerpunkt S des Balles gerichtet (Abb. 5).
  Dabei wird ein Großteil der Energie des Schlägers in Bewegungsenergie des Balles umgewandelt, wobei der Ball grundsätzlich nicht rotiert.
- Der Schläger trifft den Ball exzentrisch, d. h., der Schlagimpuls ist nicht mehr auf den Schwerpunkt S des Balles gerichtet (Abb. 6). Dabei wird ein Teil der Energie des Schlägers in Bewegungsenergie des Balles umgewandelt, ein anderer Teil geht in Rotationsenergie über und erzeugt damit eine Drehung des Balles (Drall) um seinen Schwerpunkt.

Während der senkrechte Anteil (Py) des Impulses, der am Ball angreift, die Größe des Dralls be-

Abb. 5: Zentrales Treffen

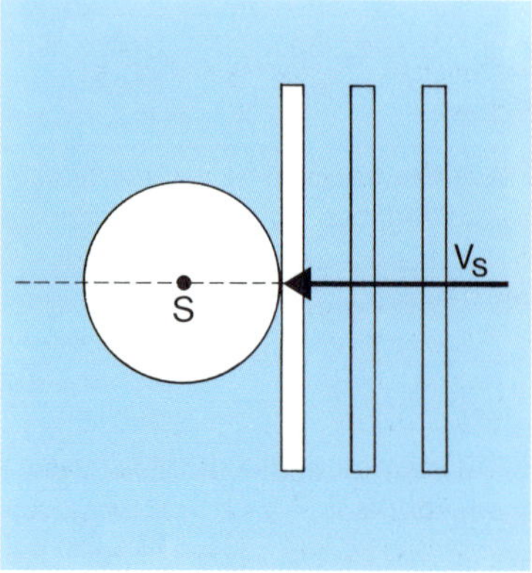

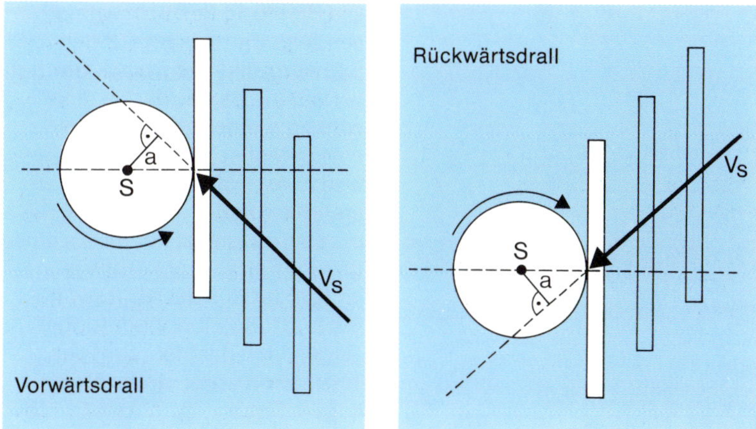

Abb. 6: Möglichkeiten exzentrischen Treffens

stimmt, hängt die Größe der Geschwindigkeit des Balles vom waagrechten Anteil (Px) ab (Abb. 7).
Das bedeutet bei gleicher Schlägergeschwindigkeit in der Schlagphase, daß der Drall um so größer und die Geschwindigkeit des Balles um so kleiner ist, je steiler der Schläger nach oben schwingt. In der Regel ist der Impulsanteil Px größer als der Impulsanteil Py.

Abfluggeschwindigkeit des Balles

Die Abfluggeschwindigkeit des Balles ergibt sich aus folgenden, im Moment des Treffens wirksamen Faktoren:

- Geschwindigkeit des Schlägers,
- Abstand der Wirkungslinie des Schlagimpulses vom Schwerpunkt des Balles (Richtung des Schlägers) (Abb. 6),
- Geschwindigkeit des ankommenden Balles (vgl. S. 27),
- Elastizität des Schlägers, der Besaitung und des Balles.

Damit ist die Abfluggeschwindigkeit im wesentlichen regulierbar durch die Beschleunigung, aber auch durch die Richtung des Schlägers beim Vorschwung.
Dabei muß gewährleistet sein,

Abb. 8: Optimale Trefffläche

Abb. 7: Kräfteparallelogramm beim exzentrisch getroffenen Ball

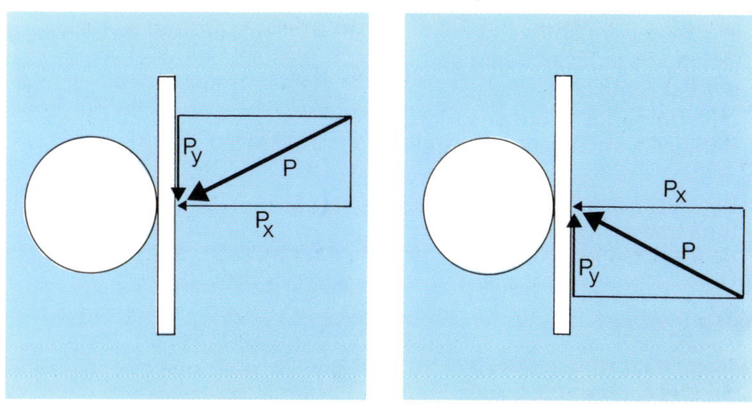

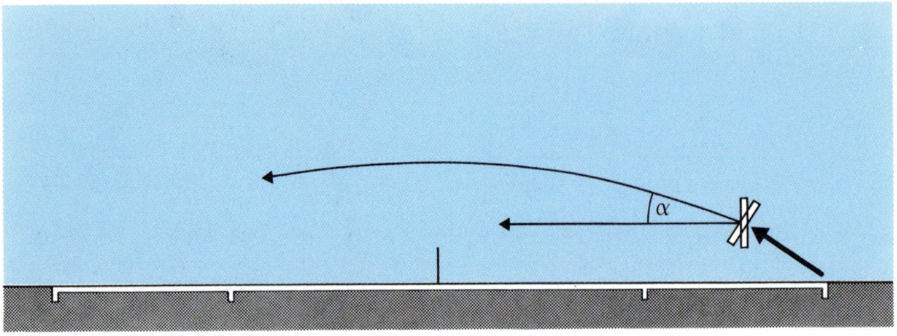

Abb. 9: Mögliche Abflugrichtungen (hoch/flach)

daß die Griffhaltung im Treffpunkt fest, das Handgelenk fixiert ist und der Ball in der optimalen Trefffläche des Schlägers (Abb. 8) getroffen wird, da sich andernfalls die Abfluggeschwindigkeit verringert.
Diese optimale Trefffläche (»Sweet Spot«) ist nicht gleichzusetzen mit dem geometrischen Mittelpunkt der Schlagfläche.

Abflugrichtung des Balles

Die Abflugrichtung wird gekennzeichnet durch den Abflugwinkel zur Platzebene (Abb. 9) und zu den Seitenlinien (Abb. 10).
Sie ergibt sich aus

- der Bewegungsrichtung des Schlägers (aufwärts oder abwärts, rechts oder links),
- dem Neigungswinkel des Schlägers im Moment des Treffens,
- der Geschwindigkeit, der Richtung und dem Drall des ankommenden Balles.

Ball ohne Drall

Der Schläger wird gerade gegen den Ball geschwungen (Abb. 5).

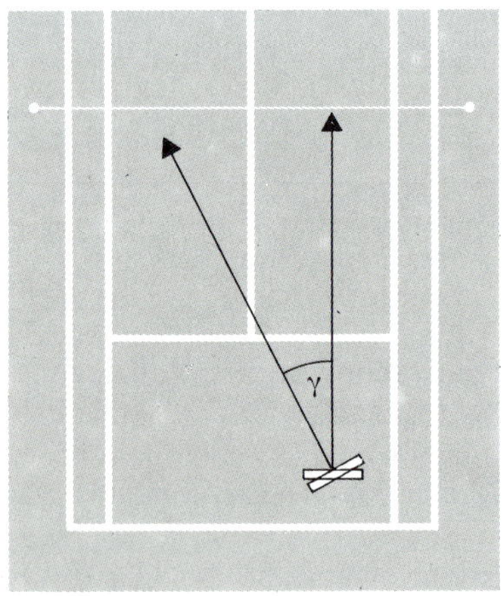

Abb. 10: Mögliche Abflugrichtung (rechts/links)

Die Richtung des Schlagimpulses zeigt dann exakt auf den Schwerpunkt des Balles. Der Ball verläßt die Schlagfläche rechtwinklig. Seine Flugbahn stellt eine ballistische Kurve dar. Sie weicht als Folge des Luftwiderstandes von der idealen Wurfparabel ab, sie ist kürzer als diese und ihr Einfallswinkel etwas steiler (größer) als der Abflugwinkel (Abb. 11). Spielbeobachtungen zeigen, daß die Mehrzahl der Treffhöhen unter einem Meter liegen. Das entspricht im Durchschnitt der Hüfthöhe und damit etwa der Höhe des Netzes. Damit der Ball *ohne* Drall bei diesen Treffhöhen über das Netz fliegt, müßte die Schlagfläche etwas geöffnet werden (Abb. 11). Wie groß schließlich der Abflugwinkel sein muß, ist abhängig von der notwendigen Flugweite und einer situativ sinnvollen Abfluggeschwindigkeit:

- Bei gegebener Geschwindigkeit ergibt ein Abflugwinkel von 45° die größte Flugweite und ökonomischste Energieausnutzung. Damit wird auch

Abb. 11: Flugkurve des Balles ohne Drall

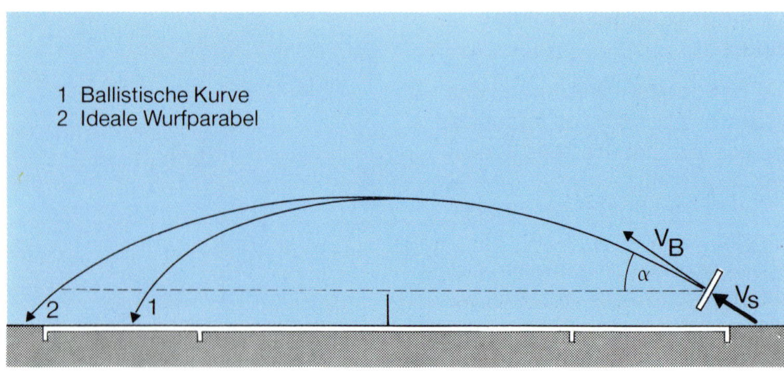

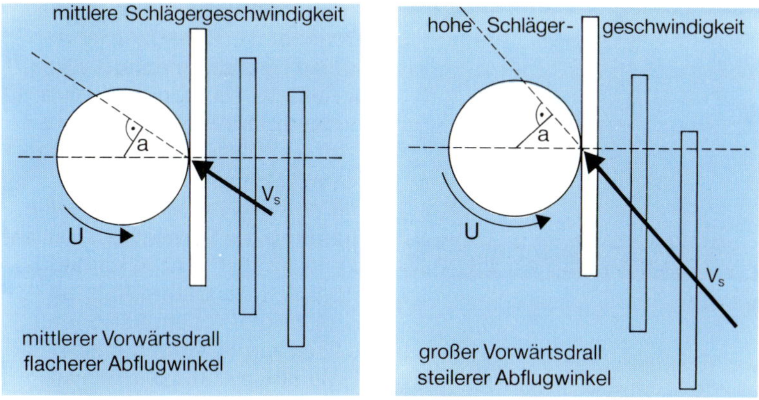

Abb. 12: Größe des Dralls in Abhängigkeit von der Schwungrichtung und Geschwindigkeit der senkrechten Schlagfläche

bei niedrigen Schlaggeschwindigkeiten und sicherer Zielhöhe über dem Netz der Ball lang bis zur Grundlinie fliegen.

- Abflugwinkel über und unter 45° verkleinern diese Flugweite.
- Je größer allerdings die Schlaggeschwindigkeit gewählt wird, um so weiter fliegt der Ball. Das Risiko, daß der Ball im Aus landet, nimmt zu.
- Bei einer Verkleinerung des Abflugwinkels (der Ball fliegt flacher über das Netz) muß gleichzeitig die Schlaggeschwindigkeit größer werden, um den gleichen Effekt (Länge der Bälle bis zur Grundlinie) zu erreichen. Damit wird das Fehlerrisiko (Netzfehler) größer.

Ball mit Vorwärtsdrall

Der Schläger wird von hinten-unten nach vorne-oben gegen den Ball geschwungen. Die Schlagfläche muß beim Treffen senkrecht stehen. Die Richtung des Schlagimpulses zeigt dann nicht auf den Ballmittelpunkt, sondern darüber. Auf diese Weise erhält der Ball zusätzlich zu seiner Abfluggeschwindigkeit nach vorne-oben einen Vorwärtsdrall. Die Größe des Vorwärtsdralls hängt wesentlich von der Geschwindigkeit, aber auch von der Richtung des Schlägerschwungs (flacher oder steiler aufwärts) ab (Abb. 12).

Wirkung des Vorwärtsdralls auf die Flugbahn des Balles:
Infolge des Vorwärtsdralls wird Luft vom Filz des Balles mitgerissen und bildet dann während des Fluges gleichsam eine mitrotierende Luftschicht (Abb. 13). Diese Umlaufströmung überlagert sich mit der relativen Strömung der umgebenden Luft (Luftwiderstand). Dabei kommt es an der Unterseite des Balles zu einer Vergrößerung der Geschwindigkeit der Gesamtströmung (gleiche Strömungsrichtung), an der Oberseite zu einer Verkleinerung (entgegengesetzte Strömungsrichtung).
Damit entsteht an der Oberseite im Bereich kleiner Strömungsgeschwindigkeit eine Druckerhöhung, an der Unterseite dement-

Abb. 13: Strömungsverhältnisse und Magnuskraft bei Vorwärtsdrall

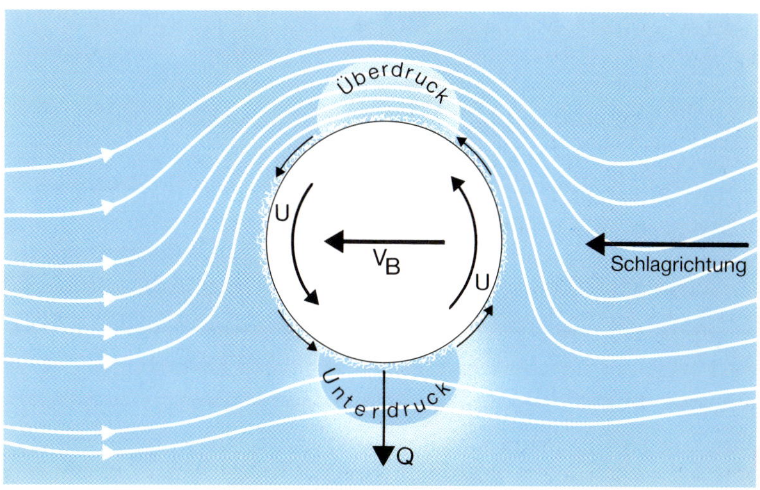

sprechend eine Drucksenkung (BERNOULLI). Dieser Druckunterschied wird als eine nach unten gerichtete Kraft Q (Magnuskraft) wirksam. Die Größe der Magnuskraft ist abhängig von der Ballgeschwindigkeit und vom Drall.
Die Wirkung der Magnuskraft in Richtung der Schwerkraft hat folgende Konsequenzen für die Flugbahn des Balles (Abb. 14):

- Im Vergleich zum Ball ohne Drall wird die Flugbahn bei gleichem Abflugwinkel verkürzt. Deshalb werden auch Bälle mit hohen Abfluggeschwindigkeiten und sicherer Zielhöhe über dem Netz noch im Spielfeld , beim Aufschlag im Aufschlagfeld landen.
- Um die gleiche Flugweite zu erreichen wie beim Schlag ohne Drall, müssen Schlaggeschwindigkeit und Abflugwinkel deutlich größer sein.
- Der Aufsprung des Balles auf dem Boden ist steiler als beim Ball ohne Drall.
- Der Abflugwinkel des Balles vom Schläger kann durch steileres Aufwärtsschwingen des Schlägers vergrößert werden.

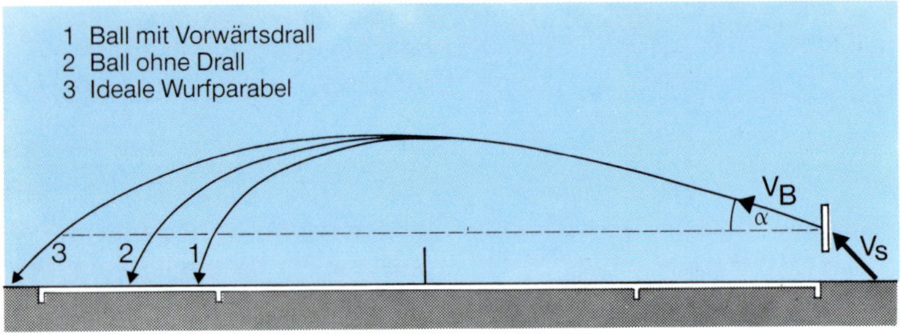

Abb. 14: Flugkurve des Balles mit Vorwärtsdrall

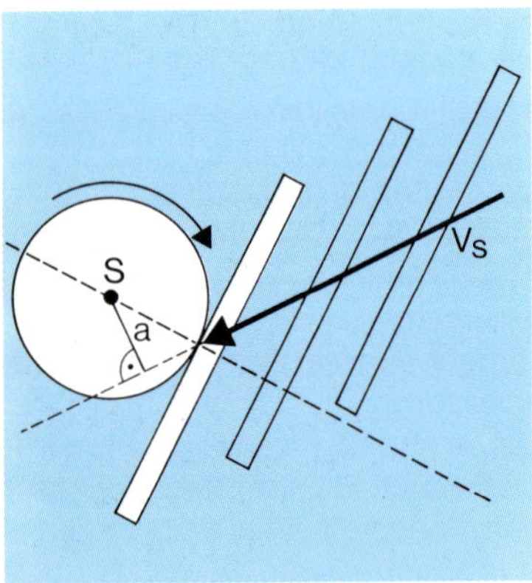

Abb. 15: Rückwärtsdrall mit geöffneter Schlagfläche

Abb. 16: Strömungsverhältnisse und Magnuskraft bei Rückwärtsdrall

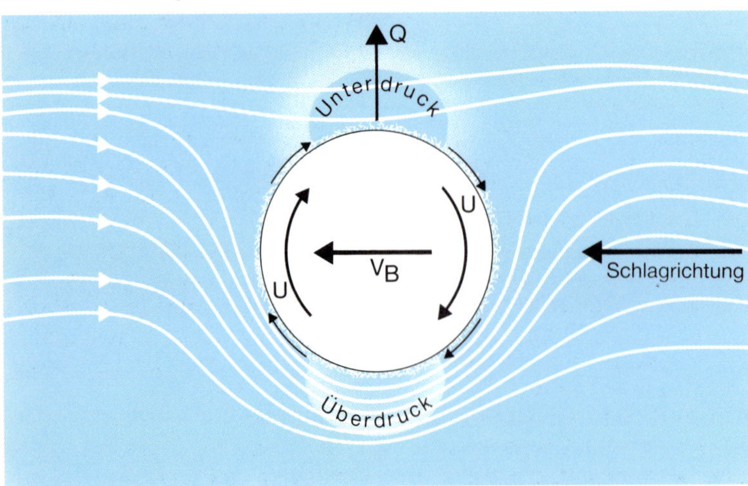

Ball mit Rückwärtsdrall

Der Schläger wird von hinten-oben nach vorne-unten gegen den Ball geschwungen. Beim Treffen sollte die Schlagfläche grundsätzlich senkrecht stehen. Die Richtung des Schlagimpulses zeigt nicht auf den Ballmittelpunkt sondern darunter. Aus diesem Grund erhält der Ball einen Rückwärtsdrall. Die Größe des Dralls hängt wiederum von der

Geschwindigkeit des Schlägerkopfes beim Treffen, aber auch von seiner Schwungrichtung von oben nach unten (steiler oder flacher) ab. Der Ball erhält auch dann Rückwärtsdrall, wenn der Schläger mit geöffneter Schlagfläche gegen den Ball geschwungen wird (Abb. 15). In diesem Fall vergrößert sich der Abflugwinkel.

Wirkung des Rückwärtsdralls auf die Flugbahn des Balles:
Im Vergleich zum Schlag mit Vorwärtsdrall kehren sich die Strömungsverhältnisse um (Abb. 16). Infolgedessen entsteht eine Magnuskraft, die nach oben gerichtet ist.
Es ergeben sich folgende Konsequenzen für die Flugbahn des Balles:

- Im Vergleich zum Ball ohne Drall oder mit Vorwärtsdrall wird die Flugbahn bei gleichem Abflugwinkel verlängert. Daher können große Flugweiten mit geringerem Krafteinsatz erzielt werden.

Abb. 17: Ball mit Linksdrall

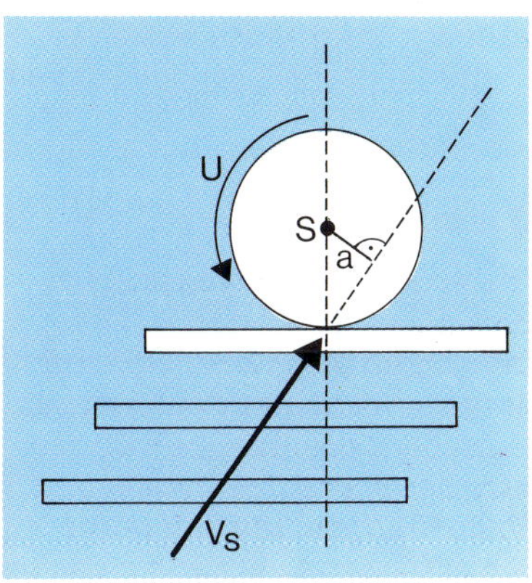

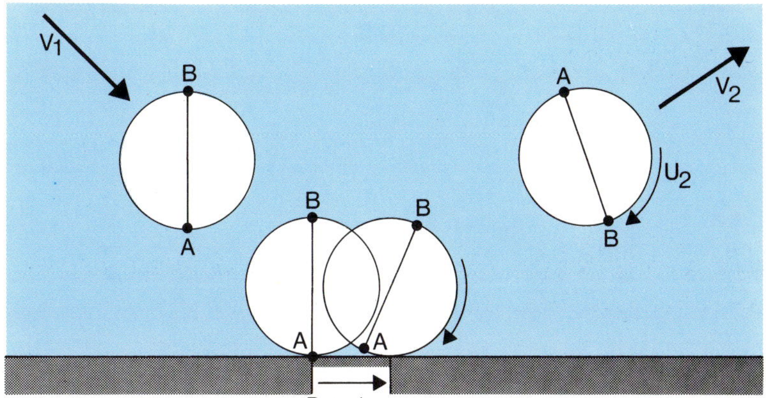

Abb. 18: Drallentstehung beim Aufsprung des Balles ohne Drall

- Die Flugbahnhöhe kann durch Änderung der Schwungrichtung (steiler oder flacher), aber auch durch Änderung der Stellung der Schlagfläche im Treffpunkt verändert werden.
- Der Aufsprung ist flacher (Aufsprungwinkel kleiner) als bei Schlägen ohne Drall und mit Vorwärtsdrall.

Ball mit Seitwärtsdrall

Der Ball erhält Seitwärtsdrall, wenn der Schlagimpuls rechts oder links vom Schwerpunkt des Balles angreift. Bei Linksdrall entsteht eine nach links (Abb. 17), bei Rechtsdrall eine nach rechts gerichtete Magnuskraft. Dadurch wird der Ball im Bogen nach links (Linksdrall) bzw. nach rechts (Rechtsdrall) fliegen.
Reiner Seitwärtsdrall kommt in der Spielpraxis normalerweise nicht vor. Er ist stets mehr oder weniger stark mit Vorwärts- oder Rückwärtsdrall kombiniert.

Kontakt des Balles mit der Platzoberfläche

Beim Kontakt des Tennisballes auf dem Boden des gegnerischen Spielfeldes verändern sich Drall, Geschwindigkeit und Absprungwinkel im Vergleich zum Aufsprungwinkel. Im folgenden werden diese Veränderungen nacheinander für den Ball ohne Drall, für den Ball mit Vorwärts- und Rückwärtsdrall sowie für den Ball mit Seitwärtsdrall dargestellt.

Ball ohne Drall

Bei seinem Aufprall auf dem Boden bewirkt die der Flugrichtung des Balles entgegengesetzte Reibungskraft der Platzoberfläche ein Rutschen und eine Vorwärtsdrehung des Balles nach dem Absprung (der Einfluß unterschiedlich harter und schneller Platzoberflächen bleibt unberücksichtigt).
Daraus folgt:

- Der abspringende Ball erhält Vorwärtsdrall (Abb. 18).

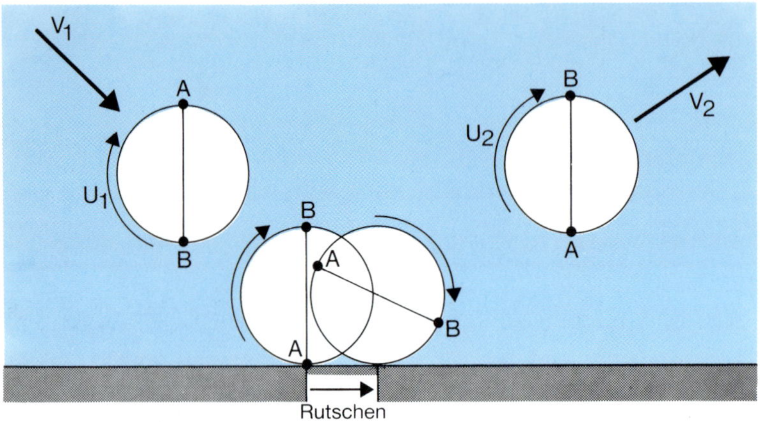

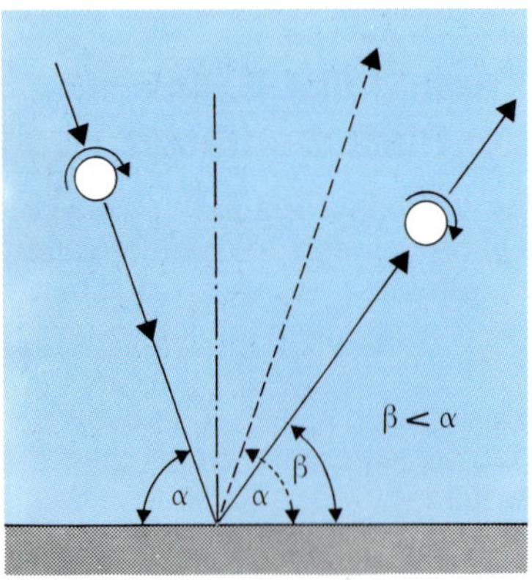

Abb. 19: Veränderung des Dralls beim Schlag mit großem Vorwärtsdrall (oben)

Abb. 20: Veränderung des Absprungwinkels beim Ball mit großem Vorwärtsdrall (links)

Abb. 21: Veränderung des Dralls beim Aufsprung mit Rückwärtsdrall (unten)

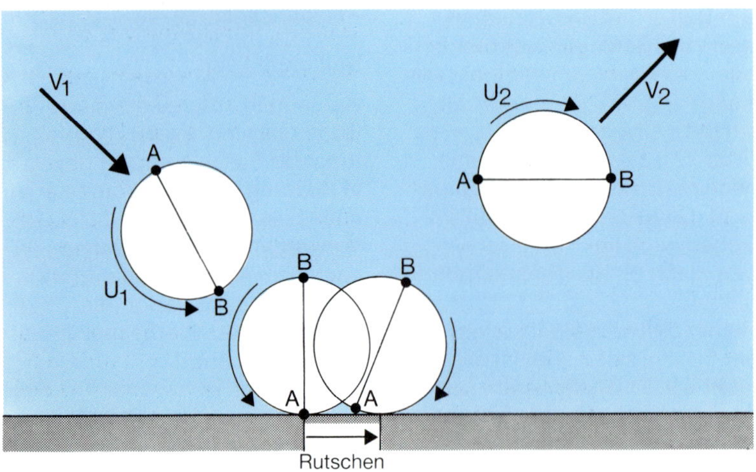

- Der Absprungwinkel verändert sich im Vergleich zum Aufsprungwinkel unwesentlich.
- Der Ball springt etwas langsamer ab, als er aufgesprungen ist.

Ball mit Vorwärtsdrall

Während ein Ball mit geringem Vorwärtsdrall ähnliche Absprungeigenschaften wie der Ball ohne Drall hat, ergeben sich für den Ball mit größerem Vorwärtsdrall wesentlich andere Verhältnisse.
Die Wirkung der Drallgeschwindigkeit summiert sich mit der Wirkung der Bodenreibung. Dadurch dreht sich der Ball schon während des Rutschens am Boden und nach dem Absprung schneller als vorher (Abb. 19).
Daraus folgt:

- Der Vorwärtsdrall vergrößert sich nach dem Absprung.
- Der Absprungwinkel verkleinert sich im Vergleich zum Aufsprungwinkel (Abb. 20).
- Während der senkrechte Anteil der Geschwindigkeit abnimmt, wird ihr waagerechter Anteil größer als vorher. Der Ball springt deshalb schnell auf den Gegenspieler zu.

Ball mit Rückwärtsdrall

Die Wirkung der Drallgeschwindigkeit des Balles ist der Reibungskraft der Platzoberfläche entgegengerichtet. Während des Rutschens des Balles am Boden wird der Drall aufgebraucht und seine Drehrichtung umgekehrt (Abb. 21).

Abb. 22: Veränderung des Absprungwinkels beim Ball mit Rückwärtsdrall

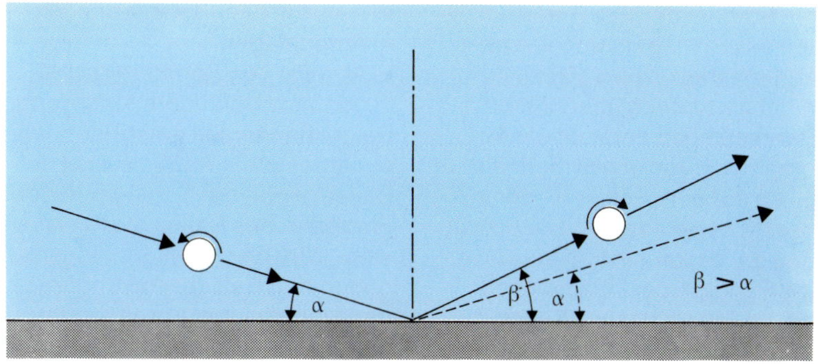

Abb. 23: Unterschiedlich hoher Absprung der Bälle mit Vorwärts- und Rückwärtsdrall

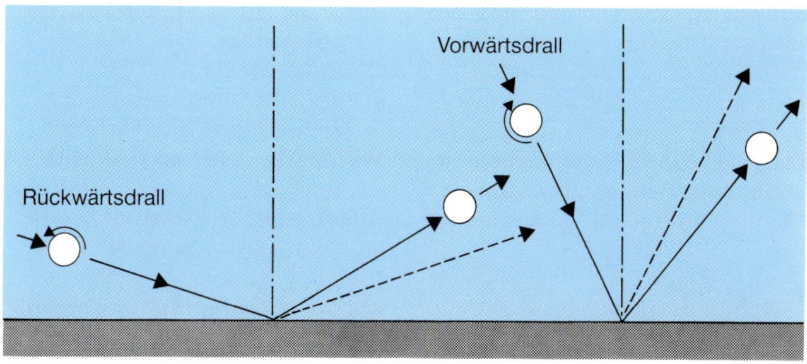

Daraus folgt:

- Der Rückwärtsdrall wird beim Aufsprung des Balles in der Regel in Vorwärtsdrall umgewandelt.
- Der Absprungwinkel am Boden vergrößert sich im Vergleich zum Aufsprungwinkel (Abb. 22).
- Der Ball springt langsamer ab, als er aufgesprungen ist.

Der Tatsache, daß sich der Absprungwinkel bei Bällen mit Rückwärtsdrall vergrößert und bei Vorwärtsdrall verkleinert, scheint der subjektiven Beobachtung zu widersprechen.
Die Feststellung, daß ein Ball mit Rückwärtsdrall flacher abspringt, obwohl sich sein Absprungwinkel im Vergleich zum Aufsprungwinkel gesetzmäßig vergrößern muß, ist letztlich nicht widersprüchlich. Da der Aufsprung des Balles mit Rückwärtsdrall grundsätzlich erheblich flacher ist als der des Balles mit Vorwärtsdrall, nimmt man den Absprung auch bei einer Winkelvergrößerung noch als niedrigen Absprung wahr (Abb. 23).

Ball mit Seitwärtsdrall

Der Anteil an Seitwärtsdrall in der Drallkombination des Schlages bewirkt einen Absprung nach links bei Linksdrall und nach rechts bei Rechtsdrall.

Berücksichtigung der Eigenschaften des ankommenden Balles

Zuvor wurde die Schlagwirkung auf die Flugbahn des Balles dargestellt unabhängig von seiner Geschwindigkeit, seiner Richtung und seinem Drall, die er *vor dem Treffen* hat. Selbstverständlich beeinflussen diese Vorbedingungen des Balles zusätzlich seine anschließende Flugbahn.

Geschwindigkeit und Richtung des ankommenden Balles

Es wurde bereits festgehalten, daß die Geschwindigkeit des abfliegenden Balles abhängig ist von der Geschwindigkeit des Schlägers, der Elastizität von Ball, Bespannung und Schlägerbauweise sowie der Geschwindigkeit des ankommenden Balles (vgl. S. 21).
Die Abfluggeschwindigkeit wird infolge größerer Verformungen von Ball und Bespannung ansteigen, wenn der Ball schneller ankommt. Dabei sollte allerdings

die Summe der Geschwindigkeiten des Schlägers und des ankommenden Balles 160 km/h nicht wesentlich übersteigen. Dann nämlich entsteht ein Aufpralldruck von etwas mehr als 30 kg auf dem Schläger, der mit der Hand gerade noch zu bewältigen ist. So kann beispielsweise die Schlägergeschwindigkeit beim Schlagen eines Balles, der mit 80 km/h ankommen würde, nicht wesentlich über 80 km/h hinausgehen.

Für den Fall, daß der Ball mit nur geringem Drall ankommt, gilt, daß bei zunehmender Geschwindigkeit dieses Balles das Reflexionsgesetz »Einfallswinkel gleich Ausfallswinkel« stärker in Erscheinung tritt, wenn gleichzeitig die Schlägergeschwindigkeit relativ niedrig ist (Abb. 24 und 25).

Das trifft zu für

- Flugbälle auf sehr schnell ankommende Bälle,
- Returns nach sehr schnellen Aufschlägen,
- Abwehr von Schmetterschlägen kurz nach dem Aufsprung.

Der Abflugwinkel entspricht dann sogar fast dem Anflugwinkel des Balles, wenn der Schläger in der Flugbahn des Balles blockiert wird. Wird der Schläger langsam gegen den Ball geschwungen, ist der Abflugwinkel etwas größer als der Anflugwinkel (Abb. 24 und 25).

Bei steigenden Schlägergeschwindigkeiten stimmt die Abflugrichtung des Balles zunehmend mit der Richtung des Schlägerschwungs überein und steht senkrecht zur Schlagfläche (Abb. 26). Das gilt um so mehr, je kleiner die Ballgeschwindigkeit vor dem Treffen ist. In der Spielpraxis trifft das zu für

- Aufschläge,
- Schmetterbälle,
- langsam ankommende Grundlinienschläge.

Abb. 24, 25: Abflugrichtung bei hohen Ball- und niedrigen Schlägergeschwindigkeiten (1: Anflugrichtung, 2: Abflugrichtung, 3: Abflugrichtung bei blockiertem Schläger)

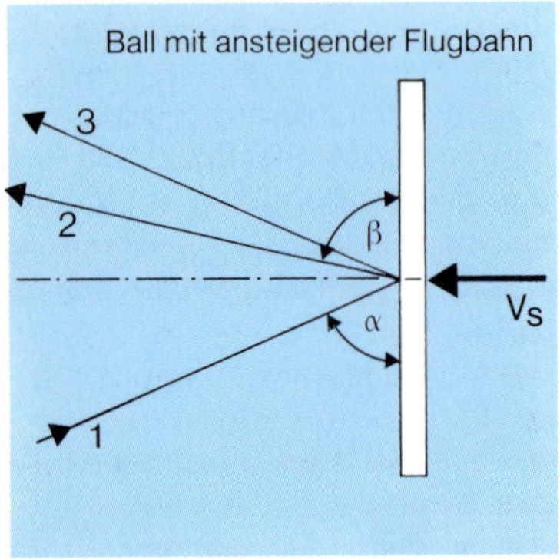

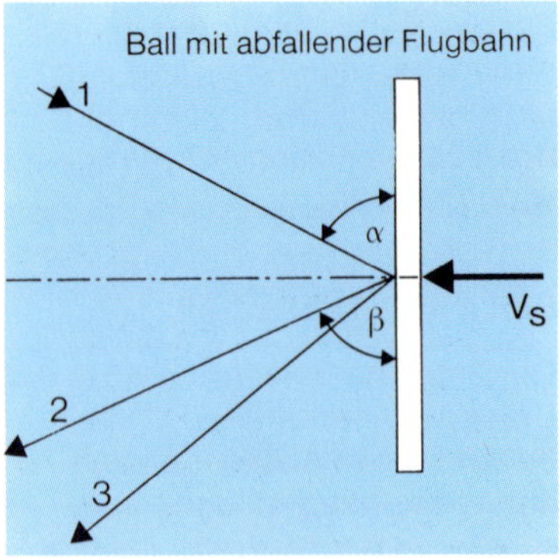

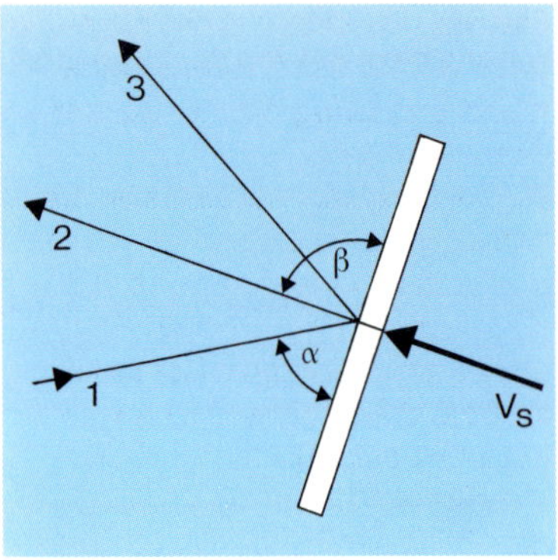

Abb. 26: Abflugrichtung bei hohen Schläger- und niedrigen Ballgeschwindigkeiten
1: Anflugrichtung,
2: Abflugrichtung,
3: Abflugrichtung bei blockiertem Schläger

Aus dem zuvor Gesagten ergibt sich eine Auswirkung der Richtung des ankommenden Balles auf die Abflugrichtung nur dann, wenn die Geschwindigkeit des ankommenden Balles sehr groß und die Schlägergeschwindigkeit relativ niedrig ist.

Drall des ankommenden Balles

Wie im Abschnitt über das Absprungverhalten festgestellt, besitzt jeder Ball nach dem Absprung vom Boden Vorwärtsdrall und trifft deshalb immer mit dieser Drallart auf den Schläger. Rückwärtsdrall im Treffpunkt dagegen besitzen nur solche Bälle, die mit Rückwärtsdrall geschlagen worden sind und die direkt, ohne vorherigen Aufsprung als Flug- oder Schmetterball getroffen werden sollen.

Vorwärtsdrall des Balles beim

Treffen führt bei gleicher Stellung der Schlagfläche zu einem höheren Abflug als Rückwärtsdrall.
Dieser Einfluß des Dralls ist stärker ausgeprägt, wenn

- der Drall beim Treffen besonders groß ist (z. B. Annahme extremer Topspin-Schläge),
- die Schlägergeschwindigkeit relativ niedrig ist (z. B. Flugbälle).

Der Drall wird nahezu aufgehoben, wenn mit besonders hohen Schlägergeschwindigkeiten geantwortet wird, also mit Schmetterbällen und sehr schnellen Grundlinienschlägen. Seitwärtsdrall verändert die Abflugrichtung zur Seite, allerdings nur dann wesentlich, wenn der Seitwärtsdrall besonders groß ist. Das trifft eigentlich nur zu bei der Abwehr schneller Aufschläge mit Seitwärtsdrall:

- Der Ball mit Linksdrall (z. B. der Slice – Aufschlag eines Rechtshänder) verändert seine Abflugrichtung etwas nach links.
- Der Ball mit Rechtsdrall (z. B. Slice – Aufschlag des Linkshänders) fliegt dagegen nach rechts. Die Bälle behalten besonders auf schnellen Belägen ihren Seitwärtsdrall nach dem Aufsprung auf dem Boden bei.

Begründung einzelner Technikelemente

Taktische Qualitäten der Technik

Wie eingangs erläutert, werden die Spielaktionen im Tennis durch die Absicht bestimmt, einen Punkt entweder direkt zu erzielen, seinen Gewinn vorzubereiten oder aber auf einen Fehler des Gegners zu warten.
Spielbeobachtungen beweisen jedoch, daß selbst bei Weltklassespielern die Mehrzahl der Punkte durch Fehler entstehen. Insofern wird Spieltaktik in erster Linie darauf gerichtet sein, Fehler zu vermeiden. Die zurückgeschlagenen Bälle müssen deshalb mit angemessener *Sicherheit* im gegnerischen Spielfeld auftreffen. Da der Gegner oft genug gleichfalls mit kalkuliertem Risiko reagieren wird, muß Taktik darüber hinaus aber auch die Vergrößerung des gegnerischen Fehlerrisikos einbeziehen.
Das kann nur durch Verbesserung der *Genauigkeit* und *Variationsfähigkeit* erfolgen, d. h., der Gegner soll durch variable und überwiegend lange Schläge sowie häufigen Wechsel der Plazierung aus dem Spielfeld gedrängt und zu schwierigen oder übereilten Reaktionen gezwungen werden. Die Variation und Steigerung der *Geschwindigkeit* muß sich dabei an dem eigenen Sicherheitsrisiko orientieren, von der Wichtigkeit des Punktes ausgehen (Spielstand!) und Treffhöhe sowie Position im eigenen Feld berücksichtigen. Durch variierte Drallgebung können Geschwindigkeit und Absprung des Balles verändert werden.
Nach diesen Überlegungen sind in dieser Reihenfolge

- Sicherheit,
- Genauigkeit,
- Geschwindigkeit

die wesentlichen taktischen Qualitäten. Für die Lösung jeder Spielsituation gibt es im Hinblick auf Sicherheit, Genauigkeit und Geschwindigkeit eine ideale Flugbahn des Balles. Wie diese Flugbahn letztlich aussieht, entscheidet sich im *Treffpunkt.* Mit welcher Geschwindigkeit und wohin also der Ball fliegt, hängt von der Geschwindigkeit und Richtung des Schwungs des Schlägers und der Neigung seiner Fläche beim Treffen ab. Also stellt die Hauptaktion, d. h. die Bewegung des Schlägers im letzten Teil der Schlagphase bis zum Treffpunkt sowie die Stellung des Schlägers im Treffpunkt die entscheidende Bestimmungsgröße der Schlagbewegung dar.
Damit stellt sich die Frage, wie diese Hauptaktion am besten realisiert und durch welche Formen des Ausholens und Schlagens (Hilfsaktionen) sie schließlich am besten vorbereitet und unterstützt werden kann (Abb. 27, S. 30).
Die Beantwortung dieser Frage soll grundsätzlich mit Hilfe biomechanischer Prinzipien, aber auch mit Hilfe morphologischer Bewegungsmerkmale (Tab. 2) und mechanischer Gesetzmäßigkeiten erfolgen.
Entsprechend unterschiedlicher

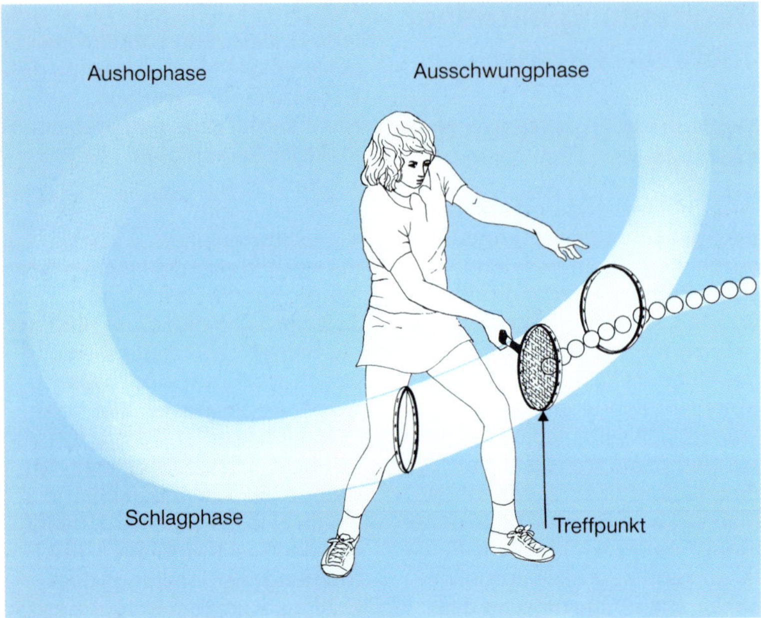

Abb. 27: Teilphasen eines Vorhandschlages

Tabelle 2: Biomechanische Prinzipien und morphologische Bewegungsmerkmale

Begründung der Teilphasen	**durch biomechanische Prinzipien**	**und morphologische Bewegungsmerkmale**
Hauptaktion	Optimale Treffchancen	Bewegungspräzision Bewegungskonstanz
Aushol- und Schlagphase	Optimaler Beschleunigungsweg	Bewegungsrhythmus Bewegungsfluß Bewegungsumfang
	Koordination von Teilimpulsen (einschließl. Impulserhaltung)	Bewegungspräzision Bewegungstempo Bewegungsstärke
	Optimale Muskelvordehnung	Bewegungskopplung
	Gegenwirkung	
Ausschwungphase	Gegenwirkung	Bewegungsrhythmus Bewegungsumfang

Ziele werden die verschiedenen Techniken auch unterschiedliche taktische Qualitäten erfüllen müssen. Hat man diese Qualitäten ermittelt, müßte die entsprechende Technik durch ganz bestimmte biomechanische Prinzipien untersucht werden (Tab. 3).

Treffen

Wie zuvor erläutert, hängt die gewünschte Flugbahn des Balles einerseits von der Geschwindigkeit und Schwungrichtung des Schlägers sowie der Stellung seiner Schlagfläche ab, andererseits aber auch vom Erreichen eines optimalen Treffpunkts.

Neigung der Schlagfläche

Wird die Schlagfläche beim Treffen senkrecht gestellt, kann die Ansteuerung der gewünschten Flugbahn und somit die Zielgenauigkeit des zu schlagenden Balles allein über Schwungrichtung und -geschwindigkeit des Schlägers erfolgen. Unterschiedliche Schlagflächenneigungen würden eine zusätzliche Kontrolle erfordern und damit auch einen weiteren Störfaktor darstellen. In der Spielpraxis wurden allerdings kleinere Abweichungen von der senkrechten Stellung, vor allem in Abhängigkeit von der Treffhöhe beobachtet (GABLER/GÖHNER). So beträgt diese Abweichung z. B. beim tiefen Slice im Schnitt ca. 15°. Die methodische Forderung nach der senkrechten Schlagflächenstellung in Verbindung mit einem festen Handgelenk muß dadurch

Tabelle 3: Vorrangige Bedeutung der biomechanischen Prinzipien für die taktischen Qualitäten

Taktische Qualitäten	Biomechanische Prinzipien
Sicherheit	Optimale Treffchancen
Genauigkeit	Optimale Treffchancen
	Optimaler Beschleunigungsweg
	Gegenwirkung
Geschwindigkeit (durch Ausnutzung der Beschleunigungsweges)	Optimaler Beschleunigungsweg
Geschwindigkeit (durch Ausnutzung der Beschleunigungskräfte)	Koordination von Teilimpulsen
	Optimale Muskelvordehnung
	Gegenwirkung

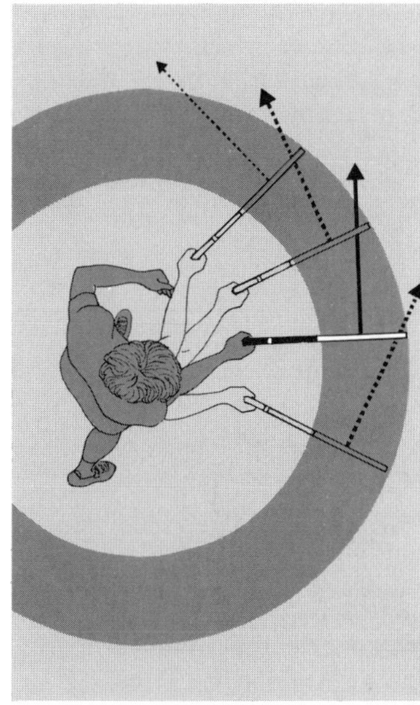

Abb. 28: Optimales Treffen für einen Schlag längs der Linie

jedoch nicht verändert werden. Der Begriff »festes Handgelenk“ bezieht sich auf eine zeitliche (wenn auch begrenzte) Fixierung des Winkels zwischen Handrükken und Unterarm. Diese Fixierung sollte in Abhängigkeit von der Schlagrichtung zur richtigen Längsachseneinstellung des Schlägers deutlich vor Erreichen des Treffpunkts erfolgen. Stimmt die berechnete Distanz zum Ball einmal nicht genau, können geringfügige Korrekturen dann noch erfolgen.
Auf das Erfordernis einer günstigen Griffhaltung wird auf S. 34 noch eingegangen.

Optimales Treffen in der Distanz zum Körper

Der Treffpunkt für alle Schläge sollte grundsätzlich vor der vorderen Hüfte liegen. Dadurch werden in erster Linie ein langer Beschleunigungsweg für den Schläger und günstige Treffmöglichkeiten geschaffen. Darüber hinaus liegt dann auch der Körperschwerpunkt hinter dem Treffpunkt.
Das genaue Treffen als Anpassung der Schlägergeschwindigkeit an die Geschwindigkeit des ankommenden Balles muß präzise erfolgen. Abweichungen vom

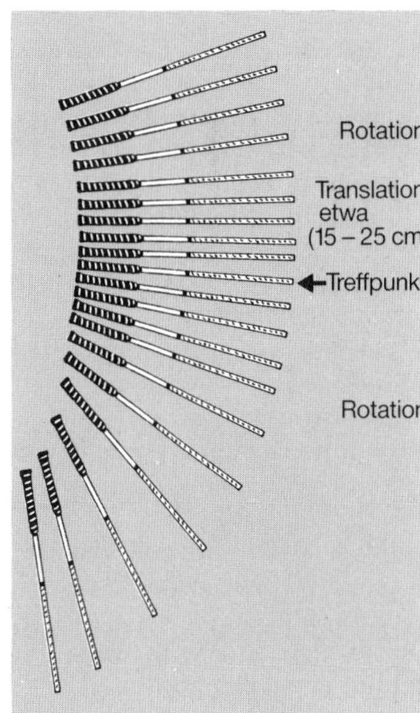

Abb. 29: Bewegungsverhalten der Schlägerachse, insbesondere des Schlägerkopfes. Der zeitliche Unterschied von Position zu Position beträgt ca. 4/1000 Sekunden. Mit dem eingezeichneten Maßstab ergeben sich folgende Daten: Die Bahngeschwindigkeit des Schlägers (äußerer Punkt des Schlägerkopfes) beträgt unmittelbar vor dem Treffpunkt ca. 80 km/h, unmittelbar danach ca. 35 km/h. Der hier nicht eingezeichnete Ball hatte vor dem Treffpunkt eine Geschwindigkeit von 25 km/h und danach von 92 km/h.

optimalen Treffpunkt führen zu erheblichen Beeinträchtigungen der Zielgenauigkeit (vgl. Abb. 28). Neuere Untersuchungen haben ergeben, daß es in der Spielpraxis keine sog. Treffstrecke gibt, wie dies bislang angenommen wurde (GABLER/GÖHNER). Der Schläger schwingt vielmehr rotatorisch zum Treffpunkt, bewegt sich durch den Aufprall des Balles nach dem Treffen kurzzeitig translatorisch (senkrecht zur Abflugrichtung) und setzt dann seine rotatorische Bahn fort (Abb. 29). Dies bedeutet, daß dem optimalen Treffen noch mehr Bedeutung zukommt, als dies bislang herausgestellt wurde. Trotzdem ist die früher von der Annahme einer Treffstrecke abgeleitete methodische Forderung nach einer langen Schwungbewegung in Schlagrichtung sinnvoll, weil sie erfahrungsgemäß zur Verbesserung der Treffgenauigkeit und Handgelenksfixierungen führt, vor allem dann, wenn sie verbunden ist mit

- Oberkörperrotation bei Vorhandschlägen, Aufschlägen und Schmetterbällen,
- Oberkörperfixierung bei Rückhandschlägen,
- Gewichtsverlagerung bei allen Schlägen.

Die _seitliche Entfernung_ ergibt sich grundsätzlich aus einer lokkeren Streckung des Ellenbogengelenks (Abb. 30), die bei notwendiger Erhöhung der Schlaggeschwindigkeit immer mehr zu einer zunehmenden Beugung führen kann (vgl. S. 39). Diese Beugung stellt allerdings höhere Anforderungen an das Timing zur

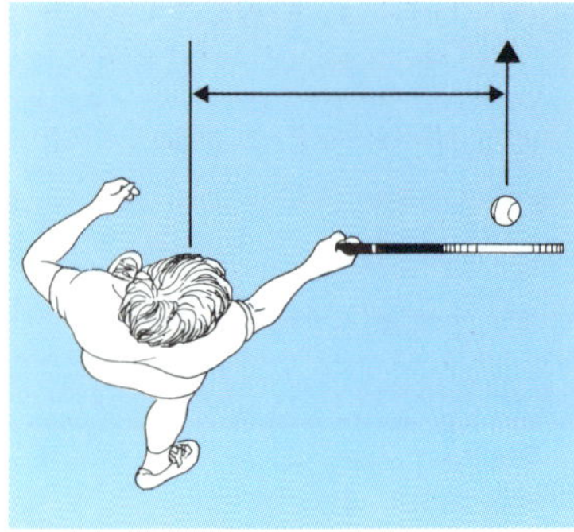

Abb. 30: Seitliche Entfernung zum Ball beim Vorhand-Grundschlag

Abb. 31: Hebel zwischen Schulterdrehachse und Schlaghand

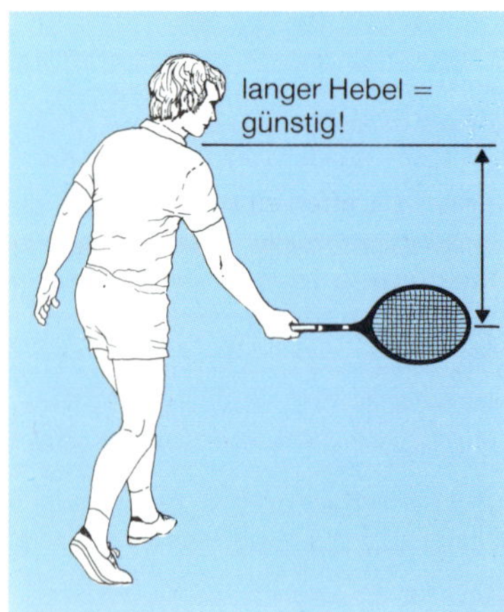

Erreichung des optimalen Treffpunktes.

Die _Treffhöhe_ hängt selbstverständlich von der Flugbahn und dem Absprungverhalten des Balles ab. Günstige Treffhöhen für Grundlinienschläge liegen etwa in Hüfthöhe, weil dann ein genügend langer Hebel zwischen Hand und Schulterdrehachse entsteht (Abb. 31).

Abb. 32: Treffen eines hoch abspringenden Balles an der Grundlinie

Abb. 33: Häufige Treffhöhe bei Flugbällen

Oft genug erfordert aber die Spielsituation eine *andere Treffhöhe*:

- Bei hoch abspringenden Topspinbällen entstehen zwangsläufig Treffpunkte über Schulterhöhe (Abb. 32).
- Bei den meisten Flugbällen liegen die Treffpunkte über Hüfthöhe (Abb. 33).
- Bei flach abspringenden Slicebällen finden sich tiefe Treffpunkte in Kniehöhe und darunter (Abb. 34).

Probleme bei Schlägen mit hohem Treffpunkt:

▽ Der kürzere Hebel zwischen Schulterdrehachse und Schlaghand (Abb. 32) erfordert grundsätzlich einen größeren Kraftaufwand; das Problem relativiert sich allerdings dann, wenn mit Topspintechnik geantwortet und damit über einen tieferen, günstigen Umkehrpunkt (langer Hebel) nach oben beschleunigt werden kann.

▽ Soll der Ball vor dem Körper getroffen werden, sind verschiedene Griffhaltungen ungünstig (vgl. S. 34, 35).

Probleme bei Schlägen mit tiefem Treffpunkt:

▽ Um dem Risiko von »Aus-Fehlern« zu begegnen, muß die Schlaggeschwindigkeit gering bleiben, wenn mit einem »geraden Schlag« geantwortet wird (vgl. S. 22, 23).

▽ Zur Vermeidung von »Netz-Fehlern« ist ggf. eine Korrektur der Schlagflächenstellung durch Drehung des Unterarms erforderlich, wenn mit »geradem Schlag« geantwortet wird. Die Antwort mit Slice ist günstiger, weil der Ball infolge des Rückwärtsdralls steigt (vgl. S. 24, 25).

▽ Topspinschläge bei tiefem Treffpunkt sind schwieriger als bei höherem Treffpunkt, weil nur ein flacher unterer Bogen möglich und damit wenig Raum zur Beschleunigung nach oben vorhanden ist.

▽ Der Schwerpunkt muß rechtzeitig vor der Schlagbewegung tief gesenkt werden.

Bei den *Aufschlägen und Schmetterbällen* bestimmt nicht nur die Notwendigkeit eines langen Beschleunigungsweges die Lage der Treffpunkte, sondern auch die Funktion des Schlägers als letztes Glied einer kinematischen Kette und die Ausnutzung der maximalen Reichhöhe. Insofern ergeben sich folgende Treffpunkte:

Treffpunkt beim geraden Aufschlag:

- 10–30 cm vor dem linken Fuß in Zielrichtung.
- in maximaler Treffhöhe.

Treffpunkt beim Aufschlag mit Drall:

- Wenig links (Twist) bzw. rechts (Slice) von der geplanten Zielrichtung.
- Über dem Kopf, bis zu 20 cm vor dem linken Fuß in Zielrichtung.
- In maximaler Treffhöhe.

Abb. 34: Treffen eines flach abspringenden Balles

Treffpunkt beim Schmetterball:
- Senkrecht über dem Kopf.
- In maximaler Treffhöhe.

Bedeutung der Griffhaltung für das Treffen

Wesentlichen Anteil an der Verwirklichung optimaler Treffchancen hat die Griffhaltung, also die Position der Hand am Schlägergriff.
Eine Griffhaltung ist dann optimal, wenn sie einen günstigen Treffpunkt vor der vorderen Hüfte und die dabei notwendige senkrechte Stellung der Schlagfläche ermöglicht. Dadurch soll eine optimale Kraftübertragung gewährleistet werden.
Im folgenden werden typisierte Griffhaltungen beschrieben, wie sie im Wettkampftennis beobachtet werden können. Dabei kann es zwischen benachbarten Griffen durchaus fließende Übergänge geben. Die empfehlenswerten Griffhaltungen (vgl. Tab. 5) führen zu der für jeden Schlag jeweils zweckmäßigen Stellung der Schlagfläche im optimalen Treffpunkt, während die nachteiligen und fehlerhaften Griffhaltungen dies entweder erschweren oder verhindern.
Die Abbildungen zu den Griffen stellen die jeweilige Handhaltung im Treffpunkt dar.

Vorhandgriff (Easterngriff)
Die Hand faßt den Griff bei senkrecht gestellter Schlagfläche von rechts, so daß der Kleinfingerballen (Abb. 35) an der hinteren rechten Breitseite des Griffes anliegt (Abb. 36).

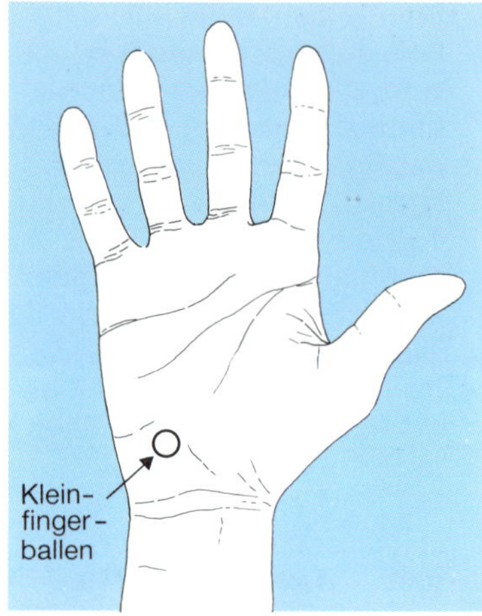

Abb. 35: Lage des Kleinfingerballens

Empfehlenswert für:
- Schläge auf der Vorhandseite, vor allem für Treffpunkte in Hüfthöhe und etwas darüber.

Nachteilig und fehlerhaft für:
- ▽ Rückhandschläge,
- ▽ Aufschläge und Schmetterbälle.

Abb. 36: Vorhandgriff von oben und hinten

Extremer Vorhandgriff (Westerngriff)
Die Hand faßt den Griff bei senkrecht gestellter Schlagfläche von schräg rechts unten, so daß der Kleinfingerballen etwa an der unteren rechten schrägen Grifffläche anliegt (Abb. 37).

Empfehlenswert für:
- Topspin mit Vorhand; insbesondere für Treffpunkte deutlich über Hüfthöhe,
- Topspin-Lob mit Vorhand.

Zulässig für:
- Grundschlag mit Vorhand,
- Halbflugball mit Vorhand.

Nachteilig und fehlerhaft für:
- ▽ Slice mit Vorhand (einschließlich Slice-Lob),
- ▽ Flugball mit Vorhand,
- ▽ Schläge auf der Rückhandseite,
- ▽ Aufschläge und Schmetterbälle.

Abb. 37: Extremer Vorhandgriff von oben und hinten

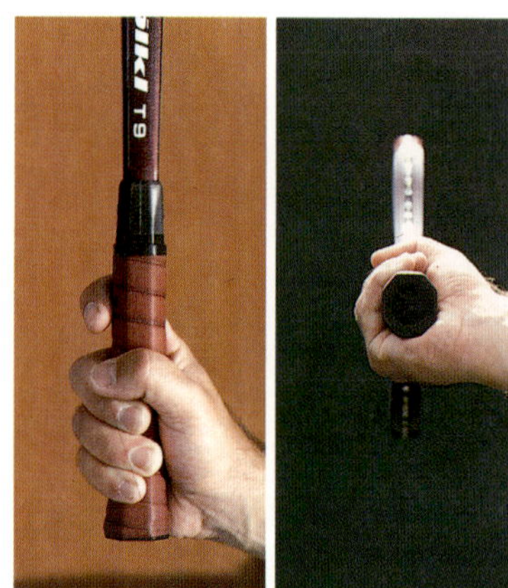

Mittelgriff (Semicontinentalgriff)
Die Hand faßt den Griff bei senkrecht gestellter Schlagfläche von schräg rechts oben. Der Kleinfingerballen liegt dann auf der oberen rechten schrägen Grifffläche (Abb. 38).

Zulässig für:

- Grundschlag mit Vorhand; allerdings für Treffpunkte deutlich vor dem Körper nicht ohne Unterarmdrehung (Pronation) möglich,
- Grundschlag mit Rückhand; Unterarmdrehung (Supination) bei frühem Treffpunkt notwendig,
- Flugball mit Vorhand und Rückhand (entsprechende Unterarmdrehungen notwendig),
- Slice mit Vorhand und -Rückhand (entsprechende Unterarmdrehungen notwendig),
- Aufschläge und Schmetterbälle,
- Lob und Stop.

Abb. 38: Mittelgriff für Vorhand von oben und hinten

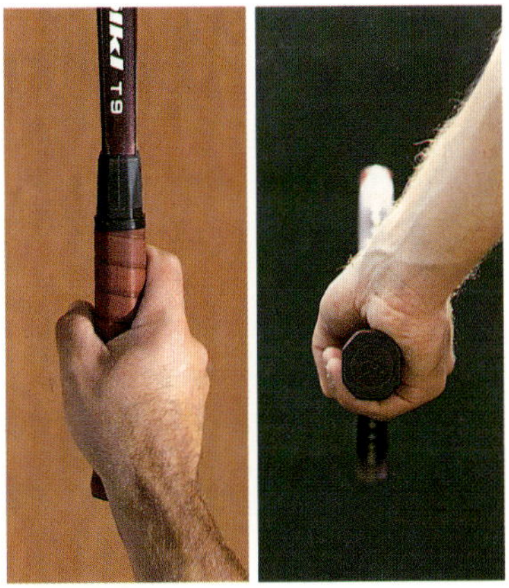

Nachteilig für:

▽ Höhere Treffpunkte; wenn der Treffpunkt vor der vorderen Hüfte bleiben soll, ist zur Erreichung einer senkrechten Schlagflächenstellung eine starke Drehung des Unterarms notwendig.

Rückhandgriff (Continentalgriff)
Die Hand faßt den Schläger bei senkrecht gestellter Schlagfläche von oben (Abb. 39). Der Kleinfingerballen liegt dann auf der oberen schmalen Grifffläche, als Variante auch auf der linken oberen Schrägfläche (extremer Rückhandgriff), (vgl. Abb. 21).

Empfehlenswert für:

- Alle Schläge auf der Rückhandseite,
- Aufschläge und Schmetterbälle.

Nachteilig und fehlerhaft für:

▽ Alle Vorhandschläge.

Abb. 39: Rückhandgriff von oben und hinten

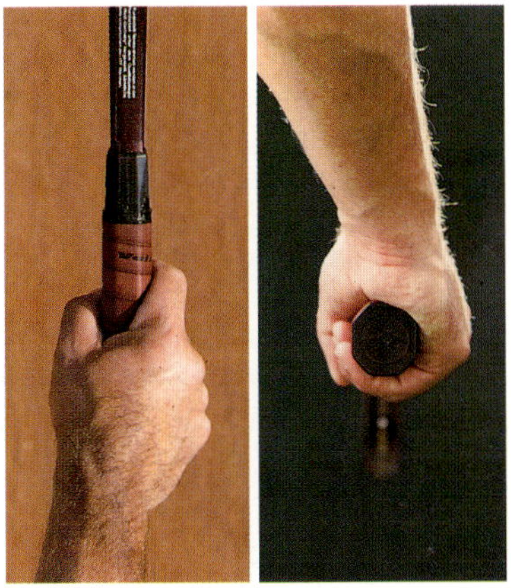

Beidhändiger Rückhandgriff
Die rechte Hand faßt den Griff von oben wie beim Rückhandgriff und liegt am Griffende. Die linke Hand befindet sich unmittelbar vor der rechten und greift von der linken Seite wie beim Vorhandgriff eines Linkshänders (Abb. 41).
Da die linke Hand dazu kommt und bezogen auf die Schlagrichtung außerdem hinter dem Schlägergriff liegt, ist eine besonders gute Kraftübertragung gewährleistet. Damit kann auch eine größere Beschleunigungswirkung erzielt werden.
Geht man davon aus, daß die linke Hand die Schlaghand darstellt – die rechte Hand hat eher eine stabilisierende Funktion – dann ist eine gut ausgeprägte Geschicklichkeit dieser Hand notwendig.

Empfehlenswert für:

- Grundschlag mit Rückhand,
- Topspin mit Rückhand.

Abb. 40: Extremer Rückhandgriff

Tabelle 4: Günstige Griffhaltungen für die wichtigsten Schläge

	Grundschlag	**Topspin**	**Slice**	**Flugball**	**Schmetterball**	**Aufschlag**
Vorhandseite	Vorhandgriff	Extremer Vorhandgriff	Vorhandgriff Mittelgriff	Vorhandgriff Mittelgriff	Rückhandgriff Mittelgriff	Rückhandgriff Mittelgriff
Rückhandseite	Rückhandgriff Beidhändiger Rückhandgriff	(Extremer) Rückhandgriff Beidhändiger Rückhandgriff	Rückhandgriff Mittelgriff	Rückhandgriff Mittelgriff	Rückhandgriff Mittelgriff	

Zulässig für:
- Slice mit Rückhand,
- Flugball mit Rückhand.

Ausholphase

Die Ausholphase dient der Vorbereitung eines optimalen Beschleunigungswegs hinsichtlich seiner Länge und Richtung. Ihr möglicher Umfang ist begrenzt durch die

Abb. 41: Beidhändiger Rückhandgriff von oben (Schläger im Treffpunkt)

- Reichweite des Spielers,
- Beweglichkeit im Rumpf, Schulter- und Handgelenk.

Ihr endgültige Ausprägung wird bestimmt durch die
- verfügbare Zeit,
- taktische Absicht und Schlagart,
- individuellen Besonderheiten.

Ausholen bei Schlägen von der Grundlinie

Das Ausholen nach hinten oben sichert
- das Ausnützen der potentiellen Energie der Schlägermasse,
- einen fließenden Übergang in die Schlagphase.

Die für das Ausholen verfügbare Zeit beträgt ca. 1,5 Sekunden im Grundlinienduell und im Extremfall 0,4 Sekunden beim Return. Da für die schleifenförmige Aushol- und Schlagbewegung eines Grundschlags ca. 0,6 bis 0,9 Sekunden benötigt werden, muß die Ausholbewegung nur beim Retournieren schneller Aufschläge abgekürzt werden.
Der Beginn des Ausholens hängt von der Geschwindigkeit des ankommenden Balles und der beabsichtigten Schlagtechnik ab.
So muß beim Slice grundsätzlich früher ausgeholt werden, weil die Gesamtbewegung langsamer ist als z. B. diejenige des Topspins.
Die Form der Ausholbewegung kann unterschiedlich ausgeprägt sein. So erleichtert etwa ein relativ großer oberer Bogen die Beschleunigung des Schlägers bereits vor dem Umkehrpunkt. Wird andererseits ihr Umfang zu groß, dann könnte das frühe Treffen schneller Bälle Schwierigkeiten machen.
Geradlinige Ausholbewegungen erschweren die Beschleunigung des Schlägers und das Timing, weil der Schläger vor dem Vorschwung zunächst gebremst und wieder neu beschleunigt werden muß.
Auch bei der Analyse von »Weltklassetennis« fällt auf, daß Ausholbewegungen bei verschiedenen Spielern in ähnlichen Situationen durchaus verschieden ausgeprägt sein können (Abb. 42 und 43). Allerdings bleiben sie bei unterschiedlichen Aushol- und Schlaggeschwindigkeiten, d. h. in anderen Situationen, bei dem einzelnen Spieler dann nahezu unverändert. Diese unter-

1 2 3 4

Abb. 42: Relativ flache Ausholbewegung beim Vorhand-Grundschlag

schiedlichen Bewegungen haben sich offensichtlich in der verschiedenartigen Lerngeschichte und der Entwicklung des persönlichen Stils der Spieler herausgebildet. Die entsprechenden Varianten ergeben sich aus unterschiedlichem Beginn und nicht immer gleicher Ausprägung der Bewegungen von Hand, Ellbogen (Unterarm) und Schulter (Oberarm und Rumpf).

Die Ausholphase kann entsprechend der Situation verlängert oder verkürzt werden. Eine Verlängerung kann erreicht werden durch:

Abb. 43: Sehr hohe Ausholbewegung beim Vorhand-Grundschlag

1 2 3 4

- Zurückdrehen des Oberkörpers,
- lockere Streckung des Ellbogens (Vorhand) bzw. Annähern des Unterarms an den Rumpf (Rückhand),
- Beugen der Kniegelenke,
- angemessenes Öffnen (Vorhand) bzw. Schließen (Rückhand) des Handgelenks, wobei sich das Handgelenk fliehkraftabhängig bei schnellen Ausholbewegungen stärker öffnet bzw. schließt. Bei langsamen Schlägen sollte auf eine bewußt extreme Öffnung bzw. Schließung des Handgelenks verzichtet werden.

Ausholen bei Flugbällen und Halbflugbällen
Da beim Flugball die verfügbare Zeit in vielen Fällen unter 0,6 bis 0,9 Sekunden liegt, sollte der Schläger nur kurz zurückgeführt werden. Er muß dabei über die voraussichtliche Treffhöhe angehoben werden, weil der Flugball im allgemeinen Rückwärtsdrall erhalten soll (vgl. Schlagphase). Die Ausholphase beim Halbflugball ähnelt in ihrer Form eher den wie beim Grundschlag. Allerdings wird wegen des o. g. Zeitdrucks die Ausholbewegung flacher und kürzer sein müssen.

Ausholen bei Aufschlägen und Schmetterbällen
Ein langes Pendel von Arm und Schläger oder beim Schmetterball auch ein Anheben des Schlägers über die Schulter sorgen für einen guten Schlagrhythmus und entsprechende Gleichgewichtserhaltung.

Ein langer Beschleunigungsweg wird in der Ausholphase vorbereitet durch
- eine optimal ausgeprägte Bewegung hinter dem Rücken nach unten (die bereits zur Beschleunigung benutzt wird),
- eine fliehkraftabhängige Öffnung des Handgelenks,
- das Rückbeugen und -drehen des Oberkörpers,
- das Beugen der Kniegelenke.

Schlagphase

Ein optimaler Schlagrhythmus bedeutet, daß der Übergang von der Aushol- in die Schlagphase fließend erfolgt und die Beschleunigung des Schlägers bis zum Treffpunkt allmählich ansteigend verläuft.

Schlagphase bei Schlägen von der Grundlinie
Die Schlagphase beginnt dort, wo die Beschleunigung des Schlägers vor dem Umkehrpunkt der Schleife einsetzt (vgl. S. 14). Um eine nahezu gerade oder nur leicht gekrümmte Beschleunigungsstrecke zu erreichen, muß der Schläger möglichst frühzeitig unter (Vorwärtsdrall) bzw. über (Rückwärtsdrall) den voraussichtlichen Treffpunkt des Balles gebracht werden.
Eine gute Koordinierung der Teilbewegungen ist grundsätzlich zur Gewährleistung von Treffgenauigkeit und ökonomischem Ablauf der Lauf-Schlag-Bewegung notwendig. Wenn darüber hinaus hohe Treffgenauigkeit und Schlaggeschwindigkeit gleichzeitig erforderlich sind, ist eine exakte zeitlich-dynamische Abstimmung der Teilbewegungen und damit ihre optimale Kraftentfaltung unverzichtbar. Das ist vor allem bei Topspin-Schlägen der Fall. Die zu koordinierenden Körperteile bilden eine kinematische Kette, also ein System von Teilgliedern, die gelenkig miteinander verbunden sind. Muskeln dienen sowohl zur Bewegung der Glieder als auch zur Sperrung von Gelenken.
Die Bewegungsmöglichkeiten der Körperteile nehmen vom Rumpf aus nach außen hin zu. Damit ergeben sich zwar zunehmend Schwierigkeiten in der Koordinierung gezielter geradliniger Bewegungen der äußersten Glieder, andererseits können aber höhere Geschwindigkeiten, z. B. durch einen »Peitscheneffekt«, erzielt werden. Dies hängt damit zusammen, daß der Schläger als Endglied der Kette das größte Massenträgheitsmoment hat. Beim Beschleunigungseinsatz des Oberarms bleibt der Schläger zunächst etwas zurück. Bei Verzögerung (Abbremsen) des Oberarms wird aber der Schläger beträchtlich beschleunigt und schwingt nach vorne. Aus Gründen einer guten Bewegungsübertragung muß deshalb die Schlagbewegung aus den Beinen beginnen und sich über den Rumpf, den Arm und die Hand fortsetzen (vgl. S. 17). Damit der »Peitscheneffekt« nicht zu einer Verringerung der Treffchancen führt, muß das Handgelenk vor dem Treffpunkt fixiert werden; dies gilt insbesondere in Beuge- und Streck-

richtung. Es ist deshalb zu berücksichtigen, daß der räumliche, zeitliche und dynamische Ablauf der Schlagbewegung rechtzeitig geplant werden muß, weil in der Vorschwungphase kaum Korrekturen erfolgen können.
Überdies kann die Geschwindigkeit des Schlägerkopfes durch zunehmendes Beugen des Ellbogengelenks erheblich gesteigert werden. Durch das Beugen verringert sich der Trägheitsradius und damit das Massenträgheitsmoment, so daß sich die Winkelgeschwindigkeit erhöht.

Schlagphase bei Flugbällen
Bei hohen Ballgeschwindigkeiten und damit hohen Prellkräften, wie sie in Flugballsituationen häufig auftreten, ist die Schlagbewegung vorwärts-abwärts zur Erzeugung von Rückwärtsdrall günstig. Die Hauptgründe dafür sind, daß

- die gewünschte Flugweite des Balles auch bei geringer Schlägergeschwindigkeit erzielt wird (vgl. S. 25),
- der Ball flach und deshalb taktisch günstig vom Boden abspringt (vgl. S. 25).

Dieser mit Rückwärtsdrall geschlagene Flugball hat auch den Vorteil, daß die Bewegung ruhiger und somit kontrollierter durchgeführt werden kann, was besonders bei tiefen Treffpunkten günstig ist. Hinzu kommt, daß die Koordinierung zwischen dem Armschwung und der Körperbewegung vorwärts-abwärts günstiger ist, weil beide Bewegungen bezüglich der Richtung und der Beschleunigung gut harmonisieren können. Wenn der Ball im Steigen getroffen werden kann, sind außerdem die Treffchancen günstiger, weil die abwärts gerichtete Schlagbewegung etwa in die Flugbahn des ankommenden Balles geht.

Schlagphase bei Aufschlägen und Schmetterbällen
Bei Aufschlägen und Schmetterbällen soll mit der Schlagbewegung neben Sicherheit und angemessener Genauigkeit eine sehr hohe Ballgeschwindigkeit erzielt werden. Deshalb ist eine optimale Koordination der Teilbewegungen im besonderen Maße erforderlich.

Abb. 44: Koordination von Bein- und Armarbeit beim Aufschlag

Abb. 45: Pronationsbewegung und Schlagseitenfreiheit beim Aufschlag

Die Schlagphase muß wiederum mit der Streckung der Fuß- und Kniegelenke beginnen. Unmittelbar aufeinanderfolgend muß sich die Kontraktion von Lenden-, Bauch-, Brust-, Schulter-, Arm- und Handmuskeln anschließen. Die Koordinierung einer »peitschenartigen« Bewegung der kinematischen Kette macht es erforderlich, daß die Streckung im Fuß- und Kniegelenk bereits dann erfolgen sollte, wenn sich vorbereitend das Handgelenk in der Schleife noch öffnet und das Ellbogengelenk sich zunehmend beugt (Abb. 44). Die Schleife hat dann eine optimale Ausprägung, wenn in ihrem tiefsten Punkt die

Abb. 46: Gegenbewegung des Wurfarmes beim Aufschlag

Schlagmuskulatur nicht ganz maximal vorgedehnt ist; die Schlaghand befindet sich dann hinter dem Kopf etwas oberhalb des Nackens.
Um eine zur Abflugrichtung des Balles senkrechte Schlagfläche zu erreichen, muß der Unterarm in der Schlagphase eine Pronationsbewegung (Daumenseite einwärts drehen) ausführen, die sich in der Ausschwungsphase deutlich sichtbar fortsetzt (Abb. 45).
Im Verlauf der Schlagphase muß die Schlagschulter zunehmend fast senkrecht über den linken Fuß gebracht werden, die Schulterachse ist steil nach oben gerichtet. Erst durch diese »Freiheit der Schlagseite« (Abb. 45) kann die kinematische Kette geradlinig und senkrecht zur Wirkung kommen, so daß ein optimaler »Peitscheneffekt« für die Beschleunigung des Schlägers erzielt werden kann.

Außerdem kann auf diese Weise eine maximale Treffhöhe erreicht werden.
Der linke Arm, der beim Hochführen des Balles nach oben gestreckt ist, wird zu Beginn der Schlagphase gesenkt und muß im weiteren Verlauf quer zum Rumpf gebeugt werden (Abb. 46). Diese Gegenbewegung ist zur Gewährleistung eines kontrollierten Treffvorgangs notwendig.

Ausschwungphase

Ein optimaler Schlagrhythmus erfordert grundsätzlich einen Ausklang mit allmählicher Abnahme der Geschwindigkeit. Damit ist die Schlagbewegung auch ökonomisch, Abbremsen würde Energie kosten.
Schließlich dient die Ausschwungphase der Kontrolle des vorausgegangenen Treffens. So kann etwa die Fixierung des Handgelenks nachträglich gut kontrolliert und damit stabilisiert werden. Bei Schlägen, wo hohe Prellkräfte bewältigt werden müssen (Flugbälle oder Returns), kann es sinnvoll sein, im Ausschwung zu blockieren, um dadurch die Muskulatur zu einem festen Gegenblock anzuspannen (Abb. 47).

Literatur:

GABLER, H./U. GÖHNER: Treffstrecke empirisch betrachtet. In: H. Gabler/ B. Zein (Red.): Tennis-Technik. Ahrensburg 1986.
GABLER, H./U. GÖHNER: Probleme der Übereinstimmung zwischen bewegungsanalytischen Erkenntnissen und methodischen Konsequenzen. In. R. Bornemann/M. Kleine-Tebbe/ B. Zein: Tennis-Methodik in den Lehrplänen. Ahrensburg 1987.
GÖHNER, U.: Bewegungsanalysen im Sport. Schorndorf 1979.
HOCHMUTH, G.: Biomechanik sportlicher Bewegungen. Berlin 1981.
MEINEL, K.: Bewegungslehre. Berlin 1976.
SCHÖNBORN, R.: Die neue Tennis-Praxis. Niedernhausen 1981.
STENIG, S. E.: Zur Mechanik des Tennisballs. Helsinki 1937.
WIEMANN, K.: Zur biomechanischen Betrachtungsweise sportlicher Bewegungen. In: Koch, K. (Hrsg.): Sportkunde für den Kursunterricht in Sekundarstufe II (2. Auflage). Schorndorf 1976.

Abb. 47: Blockieren des Ausschwungs bei einem Return

ellesse

Zur Beschreibung der Schlagtechniken

Nach der Diskussion von bewegungstheoretischen Grundlagen, insbesondere der Darstellung des *Konzepts der funktionalen Bewegungsanalyse* ist die Grundlage für die Analyse und Beschreibung der einzelnen Schlagtechniken gegeben. Sie erfolgt in folgenden vier Schritten, wobei diesen Schritten jeweils wiederum verschiedene Teilschritte zukommen.

1. Zunächst wird geprüft, in welchen Situationen und von welchen Positionen die Technik (z. B. als Grundschlag vom Grundlinienbereich aus) angewandt wird. Damit sind zugleich sachliche Bedingungen wie Spielfeldmaße, Netzhöhe, aber auch Maße wie Reichweite angesprochen; dann wird gefragt, mit welchen taktischen Absichten die Technik in dieser Situation sinnvollerweise angewendet werden kann; hieraus leitet sich aufgrund physikalischer Gesetzmäßigkeiten (siehe S. 19 ff.) ab, wie der Ball fliegen soll (z. B. mit leichter Vorwärtsrotation und relativ hoher Geschwindigkeit), damit das Ziel (d. h. die taktische Absicht) verwirklicht werden kann.
2. Nun kann auf die Bedingungen eingegangen werden, die sich auf die Aktionen des Spielers beziehen; d. h., es ist die Frage zu beantworten, wie die Aktionen des Spielers aussehen müssen, damit er den gewünschten Ballflug verwirklichen kann und wie sie sich begründen lassen; hierbei wird zunächst auf die Kennzeichen der Hauptaktion innerhalb der Schlagphase eingegangen, denn sie bedingen nach biomechanischen Gesetzmäßigkeiten den gewünschten Ballflug; dann folgt jeweils eine Darstellung der Hilfsaktionen, die innerhalb der Aushol- und Schlagphase die Hauptaktion unterstützen und in der Ausschwungphase die Richtigkeit der Hauptaktion erkennen lassen.
3. Im nächsten Schritt werden die Bewegungsspielräume mit ihren Vor- und Nachteilen behandelt; sie beziehen sich auf die Hilfsaktionen in der Aushol-, Schlag- und Ausschwungphase.
4. Schließlich wird aufgezeigt, wo die Bewegungsspielräume in Mängel und Fehler übergehen, wobei im Hinblick auf Fehler auch die Hauptaktion wieder einbezogen ist.

Es ist sinnvoll, für eine praxisorientierte Anwendung der Lehrpläne folgende Punkte zu beachten:

- Jede Technik wird mit Hilfe des beschriebenen Schemas vorgestellt.
- Alle wichtigen Merkmale zu den einzelnen Schritten werden mit den auch hier verwendeten vollen Rechtecken voneinander abgesetzt.
- Im Interesse der Vollständigkeit tauchen manche Beschreibungen und Begründungen bei den einzelnen Schritten mehrfach auf.
- Aus Platzgründen können nur die wesentlichsten Merkmale Bildern zugeordnet bzw. mit Bildern versehen werden.
- Alle Techniken sind stets auf Rechtshänder bezogen; für Linkshänder gilt entsprechendes im spiegelbildlichen Sinne.
- Zu den Bildreihen selbst sei angemerkt, daß auf ihnen Tennislehrer abgebildet sind, die die jeweilige Technik etwa in *»mittlerer Bewegungsausführung«* demonstrieren, d. h. daß eine individuelle stilistische Bewegungsausprägung weitgehend vermieden wurde. Diese mittlere Bewegungsausführung stellt demnach für Übungsleiter, Trainer und Tennislehrer die Solltechnik im Unterricht dar. Sie sollte vor allem im Anfängerbereich demonstriert werden und die Grundlage für Bewegungsanweisungen und Bewegungskorrekturen darstellen. Dem einzelnen Schüler können dann je nach persönlichen Voraussetzungen und vorhandenem Können individuelle Spielräume in vertretbarer Abweichung von dieser mittleren Bewegungsausführung zugestanden werden.

Bei den dargestellten Bildreihen ist zu berücksichtigen, daß von den verschiedenen, mit den einzelnen Techniken verbundenen Situationen, Positionen und taktischen Absichten nur jeweils eine ausgesucht wurde und daß der Ball in der Regel relativ langsam zugespielt worden war.

Zur Terminologie der Schlagtechniken im Tennis

Mit der Entwicklung des Tennisspiels vervielfältigte sich auch die Anzahl der Schlagtechniken. Es erstaunt deshalb nicht, daß sich in der Tennisliteratur nicht nur eine Vielzahl von Schlagtechniken, sondern auch uneinheitliche Begriffsbestimmungen finden:

- So werden z. T. Begriffe in deutscher und englischer Fassung genannt (z. B. Flugball oder Volley).
- Einzelne Begriffe wie z. B. »Slice« werden unterschiedlich verwandt, so beim Slice mit Vorhand und mit Rückhand als Bezeichnung von Schlägen, mit denen dem Ball ein Rückwärtsdrall und beim Aufschlag-Slice, mit dem dem Ball vorwiegend ein Seitwärtsdrall vermittelt wird.
- Zur Kennzeichnung der Techniken werden unterschiedliche Merkmale herangezogen; mit dem Begriff »Drive« (Treibschlag) wird zum Ausdruck gebracht, daß der Gegner durch schnelle Bälle in Bedrängnis gebracht werden soll, mit dem Begriff »Topspin« ist gemeint, daß der Ball einen starken Vorwärtsdrall erhält; der Begriff »Flugball« beinhaltet, daß er geschlagen wird, bevor er auf dem Boden aufspringt, während mit dem Begriff »Schmetterball« nicht nur die räumliche Position beim Treffen, sondern auch (im Begriff »schmettern«) Krafteinsatz und Wirkung zum Ausdruck kommen.
- Manche Technikbegriffe werden auch mit Untertiteln versehen, um sie deutlicher zu kennzeichnen, so der Vorhand-Flugball-Stop mit festem Handgelenk bzw. mit Handgelenkseinsatz.

Die Bezeichnung der Techniken orientiert sich im einzelnen an den folgenden sechs (unterschiedlichen) Merkmalen:

1. Räumliche Position des Spielers (z. B. beim Aufschlag und Flugball).
2. Treffpunkt beim Schlagen bezüglich des eigenen Körpers (z. B. bei Vorhand- und Rückhandschlägen).
3. Raumorientiertes Ziel des Balles (z. B. bei Stoppbällen).
4. Rotationsverhalten des Balles (z. B. bei Topspinschlägen).
5. Flugbahn des zu schlagenden Balles (z. B. beim Lob).
6. Form der Bewegungsausführung hinsichtlich der Schlag- und Ausschwungphase (z. B. beim Kippschlag).

Theoretisch müßte man nun – wollte man die Begriffsbestimmungen vereinheitlichen – von einer Kombination der wichtigsten Ausgangs- und Zielbedingungen ausgehen und gegebenenfalls neue Begriffe bestimmen. Solche Ausgangs- und Zielbedingungen sind:

- Treffpunkt des Balles, bezogen auf den Spieler (seitlich rechts, seitlich links, Über-Kopf-Mitte, Über-Kopf-Links u. a.),
- Treffpunkt des Balles, bezogen auf den Bodenkontakt des Balles (direkt ohne Kontakt, indirekt-zeitlich deutlich nach Kontakt, indirekt-zeitlich sehr kurz nach Kontakt),
- Ziel, bezogen auf das Auftreffen des Balles im gegnerischen Feld (lang, mittellang, kurz),
- Ziel, bezogen auf die Richtung des zu schlagenden Balles (geradeaus, schräg nach rechts, nach links),
- Ziel, bezogen auf die Rotation des Balles (starker Vorwärtsdrall, leichter Vorwärtsdrall, Rückwärtsdrall und Seitwärtsdrall),
- Ziel, bezogen auf die Flugbahn des Balles (flach, hoch, sehr hoch),
- spezielle Bedingungen (z. B. Ball in extremen Situationen seitlich hinter dem Körper getroffen u. a.)

Die Kombination dieser Bedingungen würde jedoch die bereits vorhandene Vielzahl der Techniken noch wesentlich erweitern und sicherlich unübersichtlich machen. Denn wenn die Technik als zweckmäßige Bewegungsform zur Lösung einer Bewegungsaufgabe anzusehen ist, dann ergeben sich aufgrund der durch die Vielfalt der Ausgangs- und Zielbedingungen gegebenen Lösungsmöglichkeiten entsprechend viele Techniken. Was die Neu-Benennung von Techniken betrifft, so zeigt die Erfahrung, daß fest in der Praxis eingeführte Begriffe kaum mehr zu verdrängen sind. Aufgrund dieser Gesichtspunkte werden im folgenden trotz der vorgebrachten Bedenken weitgehend die bisher üblichen Begriffe verwandt.

Grundtechniken

Grundschlag – Vorhand und Rückhand

In welchen Situationen und mit welchen Absichten wird die Technik angewandt, wie ist der Ballflug?

Situationen und Positionen

Grundschlag mit Vorhand und Rückhand werden zumeist vom Grundlinienbereich aus geschlagen.

Taktische Absichten

- Der Ball soll aus Sicherheitsgründen im Spiel gehalten werden.
- Der Ball soll so geschlagen werden, daß er zwischen der T-Linie und der Grundlinie aufspringt und der Gegner dadurch gezwungen ist, an der Grundlinie zu verbleiben, d. h., den Ball ebenfalls aus dem Bereich der Grundlinie zurückzuschlagen.
- Der Gegner soll durch einen plazierten und gleichzeitig relativ schnellen Ball in Bedrängnis gebracht werden; dies kann auch für den Vorbereitungsschlag für einen Netzangriff gelten.
- Bei einem gegnerischen Netzangriff kann diese Technik als Passierschlag verwendet werden.

Auswirkungen auf das Ballverhalten

- Der Ball soll mit leichtem Vorwärtsdrall (und somit nur leicht gekrümmter Flugbahn) fliegen.
- Der Ball soll relativ hohe Geschwindigkeit (Ausnahme: Ball im Spiel halten) haben.

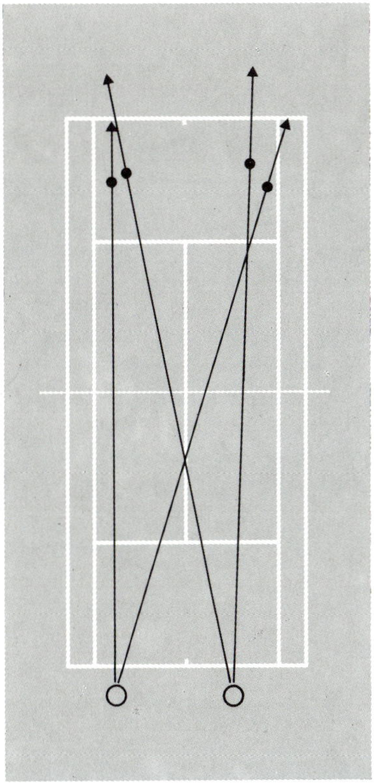

Abb. 48: Absichten

Abb. 49: Ballflug

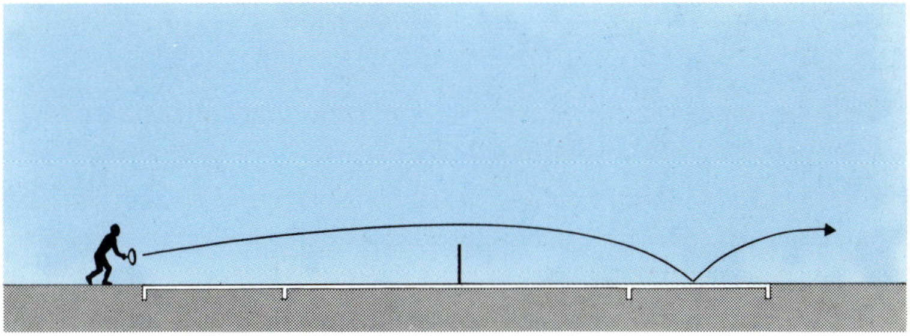

1 2 3 4 5 6

Abb. 50

Grundschlag-Vorhand

Wie sehen die Aktionen des Spielers beim Grundschlag mit Vorhand aus, damit er den gewünschten Ballflug verwirklichen kann und wie lassen sie sich begründen?

Kennzeichen der Hauptaktion innerhalb der Schlagphase

- Der Schläger wird leicht vorwärts-aufwärts geschwungen (Bild 7, 8), damit der Ball etwas Vorwärtsdrall erhält.
- Der Schläger, insbesondere der Schlägerkopf, wird beschleunigt, um die gewünschte Ballgeschwindigkeit zu erzielen.
- Der Schläger wird lange in Schlagrichtung geschwungen (Bild 6–8), um größere Genauigkeit und Sicherheit zu erreichen.
- Der Ball wird seitlich und vor der Hüfte mit fixiertem Handgelenk und senkrechter Schlagfläche getroffen (Bild 8), um eine optimale Energieübertragung zu erzielen.

7 8 9 10 11 12

Kennzeichen der Hilfsaktionen

Ausholphase

- Zu Beginn der Ausholphase wird der Schläger mit dem Vorhandgriff gefaßt, so daß die Schlagfläche beim Treffen senkrecht gestellt werden kann.
- Der Oberkörper und der rechte Fuß werden zur rechten Seite gedreht (Bild 2); der Schläger wird so nach hinten-oben zurückgeführt (Bild 2–4), daß ein fließender Übergang in die Schlagphase möglich wird (Bild 4–6).
- Der Körperschwerpunkt wird durch Beugen der Knie nach unten verlagert (Bild 3).
- Das linke Bein, das bei der Schlag- und Ausschwungbewegung als Standbein benutzt wird, wird in die beabsichtigte Schlagrichtung vorgesetzt (Bild 4); dabei sollen die Füße zur Erhaltung des Gleichgewichts mindestens hüftbreit auseinander sein.

Schlagphase

- Der Schläger wird im Übergang zur Schlagphase gesenkt (Bild 5, 6), damit er in der Hauptaktion vorwärts-aufwärts geschwungen werden kann.
- Das Körpergewicht wird auf das vordere Bein verlagert (Bild 5, 7) und der Körper beim Schlag in Schlagrichtung gedreht (Bild 7, 8); dies erfolgt zur Untersützung der Schlägerbeschleunigung und zur Erzielung eines idealen Treffpunktes.
- Zur Unterstützung der Aufwärtsbewegung beginnen sich die Beine zu strecken.
- Der Schlagarm bleibt locker gestreckt.

Ausschwungphase

- Die Schwungbewegung des Schlägers wird in Schlagrichtung fortgesetzt und klingt dann aus (Bild 9–12); geschieht dies nicht, dann werden die Beschleunigung des Schlägers in der Schlagphase und die Kontrolle beim Treffen beeinträchtigt.
- Die Streckung der Beine wird fortgesetzt.

Bewegungsspielräume mit ihren Vor- und Nachteilen

Ausholphase

- Manche Spieler begnügen sich damit, Vor- und Rückhandschläge mit dem *Mittelgriff* (siehe S. 35) zu schlagen; dies mag dem Spieler leichter fallen, hat jedoch den Nachteil, daß die Kraftübertragung nicht optimal ist und der Ball nicht weit genug vor dem Körper getroffen werden kann.
- Von Topspinspielern wird häufig auch der *extreme Vorhandgriff* (siehe S. 34) zum Grundschlag mit Vorhand benutzt.
- Manche Spieler begnügen sich damit, nur mit einem flachen oberen Bogen auszuholen (Abb. 51); dies kann einerseits den Vorteil haben, daß Zeit gespart und die Bewegungsgenauigkeit erhöht wird; andererseits kann dies den Nachteil haben, daß der Bewegungsfluß und damit die Bewegungsbeschleunigung vermindert werden.

Abb. 51: Ausholen mit flachem, oberem Bogen

- Die *Schlagstellung* variiert situationsentsprechend häufig; sie ist um so offener, je mehr der Ball cross geschlagen werden soll, je mehr der Schlag als Vorbereitungsschlag für einen Angriff zum Netz beabsichtigt ist und je mehr ein Spieler den extremen Vorhandgriff bevorzugt; gleichzeitig ist jedoch damit die Gefahr verbunden, daß die Ballkontrolle vermindert wird.
- Individuell ausgeprägt ist auch der *zeitlich-dynamische Ablauf,* insbesondere beim Übergang zwischen dem Zurückführen des Schlägers in der Ausholphase und seiner Beschleunigung in der Schlagphase (siehe S. 36).

Schlagphase

- Der Schläger kann unterschiedlich früh unter den späteren Treffpunkt kommen. Je früher das der Fall ist, desto genauer und kontrollierter kann der Schläger zum Treffpunkt geschwungen werden.
- Die Oberkörperdrehung kann mehr oder weniger aktiv eingesetzt werden. Dadurch wird die Schlägerbeschleunigung unterstützt.
- Die Anfangsgeschwindigkeit und die Beschleunigung des Schlägers in der Schlagbewegung können unterschiedlich ausgeführt werden. Je kontinuierlicher zum Treffpunkt hin beschleunigt wird, desto sicherer und kontrollierter kann der Ball getroffen werden.

Abb. 52: Offene Stellung beim Ausholen

Ausschwungphase

- Je höher die Schlaggeschwindigkeit, und je deutlicher die Gewichtsverlagerung war, desto *länger* ist die Ausschwungbewegung.

Häufige Mängel und Fehler

Ausholphase

▽ *Rückhandgriff;* dadurch kann die Schlagfläche beim Treffen im gewünschten Treffpunkt nicht senkrecht gestellt werden.

▽ *Keine oder nur geringe Oberkörperdrehung;* dadurch kann mit dem Schläger nicht genügend weit ausgeholt werden, so daß in der Schlagphase eine »Stoßbewegung« entsteht.

▽ *Sehr späte Ausholbewegung;* dies verringert die Möglichkeit, den Ball rechtzeitig zu treffen und kontrolliert zu schlagen.

▽ *Sehr kurze oder sehr lange Ausholbewegung;* bei der zu kurzen Ausholbewegung kann der Schläger nicht genügend beschleunigt werden; ist sie zu lang, besteht die Gefahr, daß der Ball zu spät getroffen und die Genauigkeit des Schlages vermindert wird.

▽ *Sehr weiträumiges oder sehr enges Ausholen;* häufig geht dadurch der Bewegungsfluß verloren, der Ball kann nicht mehr frühzeitig genug getroffen werden (vor allem bei weiträumigem Ausholen); insgesamt wird die Energieübertragung vermindert.

▽ *Kein flüssiger Übergang,* d. h. eine deutliche Pause zwischen Aushol- und Schlagbewegung; dadurch wird die gleichmäßige Beschleunigung in die Schlagbewegung verschlechtert.

Schlagphase

▽ *Kein Senken des Schlägerkopfes* unter den späteren Treffpunkt; dadurch kann der Schläger nicht vorwärts-aufwärts geschwungen werden.

▽ *Sehr frühes Strecken* der Beine; dadurch wird vor allem das Vorwärts-aufwärts-Schwingen beeinträchtigt.

▽ *Rücklage;* dadurch entfällt die Gewichtsverlagerung vom hinteren auf das vordere Bein, was zur Verringerung der Bewegungsbeschleunigung und zur Beeinträchtigung des Treffens führt (Abb. 53).

▽ *Keine Schwungbewegung;* häufig wird in der Schlagphase »geschoben«.

Abb. 53: Rücklage beim Schlag

▽ *Sehr frühes Hineindrehen* der Hüfte und des Oberkörpers; diese schlechte Koordination zwischen Armschwung und Hineindrehen des Körpers in die Schlagrichtung führt zu einer unrhythmischen und unkontrollierten Schlagbewegung (Abb. 54).

Abb. 54: Sehr frühes Hineindrehen in Schlagrichtung

▽ *Sehr spätes Treffen* des Balles.

▽ Vom Körper *sehr entferntes bzw. körpernahes Treffen* des Balles; der vorige und auch diese Fehler führen dazu, daß die Beschleunigung reduziert und das Treffen beeinträchtigt wird (Abb. 55).

▽ *Keine Fixation des Handgelenks* beim Treffen des Balles; dies verschlechtert die Kontrolle beim Treffen erheblich.

Ausschwungphase

▽ *Sehr frühes Beenden* der Ausschwungbewegung durch Abblocken des Bewegungsflusses oder sehr frühes Beugen des Handgelenks oder des Ellbogens; dadurch wird die Ballkontrolle stark beeinträchtigt.

▽ *Sehr frühes Heranführen* des Schlägers zur linken Schulter; dies führt zur Verschlechterung der Ballkontrolle.

Abb. 55: Sehr weit entfernter Treffpunkt

Abb. 56

Grundschlag-Rückhand

Wie sehen die Aktionen des Spielers beim Grundschlag mit Rückhand aus, damit er den gewünschten Ballflug verwirklichen kann und wie lassen sie sich begründen?

Kennzeichen der Hauptaktion innerhalb der Schlagphase

- Der Schläger wird leicht vorwärts-aufwärts geschwungen, damit der Ball etwas Vorwärtsdrall erhält.
- Der Schläger, insbesondere der Schlägerkopf, wird beschleunigt, um die gewünschte Ballgeschwindigkeit zu erzielen.
- Der Schläger wird möglichst lange in Schlagrichtung geschwungen (Bild 7–9), um größere Genauigkeit und Sicherheit zu erreichen.
- Der Ball wird seitlich und (im Vergleich zur Vorhand noch weiter) vor der Hüfte mit fixiertem Handgelenk und senkrechter Schlagfläche getroffen (Bild 9), um eine optimale Energieübertragung zu erzielen.

6 5 4 3 2 1

Kennzeichen der Hilfsaktionen

Ausholphase

- Zu Beginn der Ausholphase wird der Schläger mit dem Rückhandgriff gefaßt, so daß die Schlagfläche beim Treffen senkrecht gestellt werden kann.
- Die Ausholbewegung wird eingeleitet, indem die linke Hand den Schläger am Schlägerhals zurückführt (Bild 3), damit die Ausholbewegung stabilisiert und der Oberkörper weiter zurückgedreht werden kann.
- Der Oberkörper wird stark zurückgedreht; es wird eine ausgeprägte seitliche Stellung eingenommen, wobei der rechte Fuß vorgesetzt werden soll, so daß die rechte Rückenhälfte zum Netz zeigt (Bild 5); dadurch kann das beschleunigende Armschwingen in die Schlagrichtung unterstützt werden.
- Der Schläger wird nach hinten-oben zurückgeführt; im Unterschied zum Grundschlag mit Vorhand ist dieser Bogen flacher.

Schlagphase

- Der Körperschwerpunkt wird durch Beugen der Knie nach unten verlagert.
- Der Schlägerkopf wird im Übergang zur Schlagphase gesenkt (Bild 5, 6, 7), damit er in der Hauptaktion vorwärts-aufwärts geschwungen werden kann.
- Die Füße sollen zur Erhaltung des Gleichgewichts mindestens hüftbreit auseinander sein (Bild 8).
- Das Körpergewicht wird bereits zu Beginn der Schlagphase zur Unterstützung der Schlägerbeschleunigung deutlich auf das vordere Bein verlagert, die Gewichtsverlagerung erfolgt also früher als bei Vorhand; der Oberkörper wird nur so weit gedreht, bis die Schulterachse in die Schlagrichtung zeigt (Bild 8, 9).
- Die seitliche Fuß- und Körperstellung wird bis zum Treffpunkt und darüber hinaus beibehalten (Bild 9–11), damit ein optimales Treffen ermöglicht wird.
- Kurz vor dem Treffen wird der Schlagarm gestreckt (Bild 7, 8), um eine optimale Energieübertragung zu erzielen.

Ausschwungphase

- Die Schwungbewegung des Schlägers wird in Schlagrichtung fortgesetzt (Bild 10–12). Am Ende der Ausschwungphase zeigen Schläger und rechte Körperseite in Schlagrichtung (Bild 12).

Bewegungsspielräume mit ihren Vor- und Nachteilen

Ausholphase

- Manche Spieler begnügen sich damit, Vor- und Rückhandschläge mit dem *Mittelgriff* (siehe S. 35) zu schlagen; dies mag leichter fallen, hat jedoch den Nachteil, daß die Kraftübertragung nicht optimal ist und der Ball nicht weit genug vor dem Körper getroffen werden kann.
- Manche Spieler führen den Schläger in der Ausholphase erst *spät in den oberen Bogen* der Schleife; dies kann einerseits den Vorteil haben, daß der Bewegungsfluß verbessert wird, andererseits den Nachteil, daß der Spieler nicht mehr rechtzeitig in den unteren Bogen der Schleife in der Schlagphase kommt.

Abb. 57: Hoher Ausschwung

- Individuell ausgeprägt ist auch der *zeitlich-dynamische Ablauf,* insbesondere beim Übergang zwischen dem Zurückführen des Schlägers in der Ausholphase und seiner Beschleunigung in der Schlagphase (siehe S. 36).

Schlagphase

- Die Armstreckung kann zu Beginn der Hauptaktion oder erst kurz vor dem Treffen des Balles erfolgen.

Ausschwungphase

- Je mehr ein Spieler eine hohe Schlaggeschwindigkeit anstrebt, desto *länger* ist die Ausschwungbewegung.
- Bei hoher Schlaggeschwindigkeit und unter Beibehaltung der seitlichen Schlagstellung schwingt der Schläger *steil nach oben* aus (Abb. 57).

Häufige Mängel und Fehler

Ausholphase

▽ *Vorhandgriff;* dadurch kann die Schlagfläche beim Treffen im gewünschten Treffpunkt nur bei abgewinkeltem Handgelenk senkrecht gestellt werden.

▽ *Keine oder nur geringe Oberkörperdrehung* und *sehr kurze Ausholbewegung;* dadurch kann der Schläger nicht genügend beschleunigt werden, so daß häufig in der Schlagphase eine »Stoßbewegung« entsteht.

Abb. 58: Sehr frühes Strecken der Beine

▽ *Sehr späte Ausholbewegung;* dies verringert die Möglichkeit, den Ball rechtzeitig zu treffen und führt zu einer unkontrollierten Schlagbewegung.

▽ *Sehr weiträumiges Ausholen mit gestrecktem Arm;* dadurch werden Schwung und Koordination beeinträchtigt.

▽ *Keine Unterstützung der Ausholbewegung mit der linken Hand;* dadurch wird häufig der Oberkörper nicht genügend zurückgedreht, und die Bewegungskontrolle, insbesondere beim Übergang zwischen Aushol- und Schlagphase, verschlechtert sich.

Schlagphase

▽ *Keine ausgeprägte seitliche Stellung* der Beine; dies führt

Abb. 59: Frühes Aufgeben der seitlichen Schlagstellung

Abb. 60: Sehr später Treffpunkt

Abb. 61: Starkes Beugen des Handgelenks

zu einer Verschlechterung des Armschwingens in die gewünschte Schlagrichtung.

▽ *Kein Senken des Schlägerkopfes* unter den späteren Treffpunkt; dadurch kann der Schläger nicht vorwärts-aufwärts geschwungen werden.

▽ *Sehr frühes Strecken* der Beine; dadurch wird vor allem das Vorwärts-aufwärts-Schwingen beeinträchtigt (Abb. 58).

▽ *Rücklage;* dadurch entfällt die Gewichtsverlagerung auf das vordere Bein, was zur Verringerung der Schlägerbeschleunigung und zu unkontrolliertem Treffen führt.

▽ *Keine Schwungbewegung;* häufig wird in der Schlagphase »geschoben«.

▽ *Seitliche Stellung wird sehr früh aufgegeben,* d. h., der ganze Körper rotiert bei der Schlagbewegung; dadurch wird die Ballkontrolle stark beeinträchtigt (Abb. 59).

▽ *Sehr spätes Treffen* des Balles (Abb. 60).

▽ *Vom Körper seitlich sehr entferntes Treffen* des Balles; sowohl der vorstehende als auch dieser Fehler führen dazu, daß die Bewegungsbeschleunigung reduziert und die Kontrolle gemindert werden.

▽ *Seitlich sehr geringer Abstand* zum Treffpunkt.

▽ *Sehr weit vor dem Körper* liegender Treffpunkt; vorherstehender und dieser Fehler führen zu mangelndem Schwungeinsatz und Stoßbewegung.

▽ *Keine Fixation des Handgelenks* beim Treffen des Balles; dies verschlechtert die Ballkontrolle erheblich.

▽ *Kein Strecken des Armes* beim Treffen des Balles; dies zeigt an, daß der Schwung der Schlagbewegung gebremst ist und der Treffpunkt seitlich zu nah am Körper liegt.

Ausschwungphase

▽ *Sehr frühes Beenden* der Ausschwungbewegung durch Abblocken des Bewegungsflusses.

▽ *Sehr frühes Abweichen* von der Schlagrichtung; vorgenannter und dieser Mangel zeugen davon, daß die Ballkontrolle beeinträchtigt war.

▽ *Sehr starke und zunehmende Beugung des Handgelenks;* dies zeigt an, daß der Schwung sehr früh abgebremst wurde, das Handgelenk nicht fixiert und die Energieübertragung beeinträchtigt waren (Abb. 61).

Beidhändige Rückhand

In welchen Situationen und mit welchen Absichten wird die Technik angewandt, wie ist der Ballflug?

Situationen und Positionen

- Die beidhändige Rückhand wird nach dem Absprung des Balles zumeist vom Grundlinienbereich aus geschlagen.

Taktische Absichten

- Der Ball soll aus Sicherheitsgründen im Spiel gehalten werden.
- Der Ball soll lang bis zum Grundlinienbereich geschlagen werden, um den Gegner unter Druck zu setzen (1).
- Durch kürzere Cross-Bälle (2) soll der Gegner in eine ungünstige Position und zum Öffnen des Platzes gezwungen werden; dieser Schlag eignet sich auch als Angriffs- oder als Passierschlag.

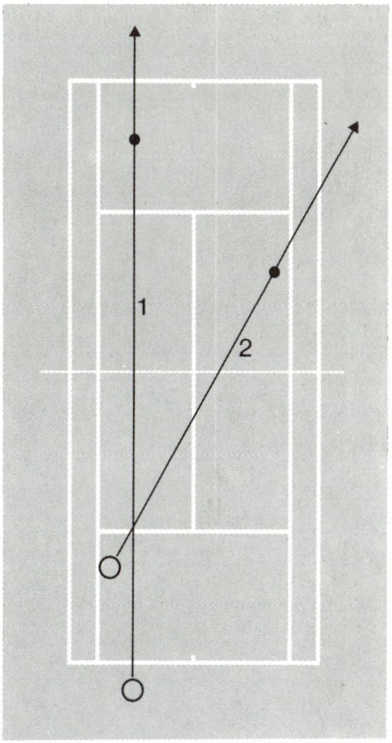

Abb. 62: Absichten

Auswirkungen auf das Ballverhalten

- Der Ball soll in der Regel mit relativ hoher Geschwindigkeit gespielt werden.
- Der Ball soll je nach taktischer Absicht schnell und flach oder langsam und höher fliegen.

Abb. 63: Ballflug

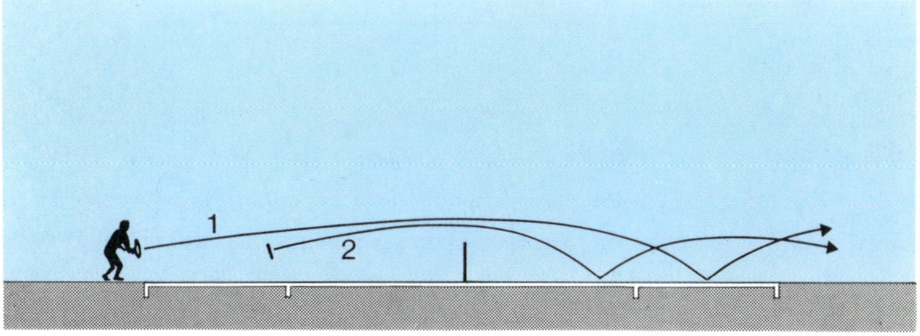

10 9 8 7 6

Abb. 64

Beidhändige Rückhand

Wie sehen die Aktionen des Spielers bei der beidhändigen Rückhand aus, damit er den gewünschten Ballflug verwirklichen kann und wie lassen sie sich begründen?

Kennzeichen der Hauptaktion innerhalb der Schlagphase

- Der Schläger schwingt leicht vorwärts-auswärts, um auf den Ball einen leichten Vorwärtsdrall zu übertragen.
- Der Schlägerkopf wird beschleunigt und muß im Treffpunkt die optimale Geschwindigkeit haben.
- Der Schläger wird möglichst lange in die Schlagrichtung geschwungen (Bild 8–11), um größere Sicherheit und Genauigkeit zu erreichen.
- Der Ball wird vor der rechten Hüfte mit senkrechter Schlagfläche getroffen, die Handgelenke sind fixiert (Bild 10), damit die Ballkontrolle erhöht und eine optimale Energieübertragung erzielt wird.

5 4 3 2 1

Kennzeichen der Hilfsaktionen

Ausholphase

- Der Schläger wird mit der rechten Hand mit Rückhandgriff und mit der linken Hand mit Vorhandgriff gefaßt.
- Der Oberkörper wird weit zurückgedreht (rechte Rückenhälfte zum Netz), damit ausreichend Raum für die Weite der Ausholbewegung vorhanden ist (Bild 2, 3); der rechte Arm ist im Wendepunkt fast gestreckt, der linke angewinkelt (Bild 7).
- Der Schläger wird durch die beidhändige Schlägerhaltung zwangsweise in einem etwas verflachten Bogen in die schleifenförmige Bahn gebracht (Bild 1–4).
- Das rechte Bein bewegt sich während der Ausholbewegung schräg-vorwärts dem Ball entgegen.

Schlagphase

- Der Körperschwerpunkt wird durch Beugen der Knie nach unten verlagert (Bild 4–6), damit der Körpereinsatz in der Schlagphase nicht nur vorwärts, sondern auch gleichzeitig aufwärts erfolgen kann.
- Der rechte Fuß wird am Anfang der Schlagbewegung in Richtung des ankommenden Balles mindestens in Schulterbreite vor den linken aufgesetzt, das Körpergewicht wird während der Schlagphase auf dieses rechte Bein übertragen (Bild 5).
- Der Oberkörper muß – bedingt durch die Fixierung beider Hände am Griff – in die Schlagrichtung rotieren (Bild 8–10), womit eine unterstützende Wirkung für die Beschleunigung erreicht wird.
- Der linke Arm wird zu Beginn der Schlagphase gestreckt, so daß beide Arme in der Hauptaktion normalerweise gestreckt sind.
- Die rechte Hand unterstützt die Kraftübertragung; der Hauptschwung kommt üblicherweise aus der Körperdrehung und aus dem linken Arm.

Ausschwungphase

- Die Schwungbewegung des Schlägers wird weit in die Schlagrichtung fortgesetzt (Bild 11, 12).

Bewegungsspielräume mit ihren Vor- und Nachteilen

Bei der beidhändigen Rückhand sind weniger Variationsmöglichkeiten vorhanden, da beide Hände am Schläger fixiert sind.

Ausholphase

- Manche Spieler fassen den Schläger mit beiden Händen mit *Vorhandgriff* und holen mit angewinkelten Ellbogen aus, wodurch die Ausholbewegung nahe am Körper erfolgt.

Schlagphase

- Spieler mit beidhändiger Rückhand neigen dazu, bei harten Schlägen weniger das Körpergewicht nach vorne zu verlagern und geraten deshalb oft in *Rücklage;* der Grund hierfür ist die fehlende Möglichkeit des Gleichgewichtsausgleiches mit dem linken Arm; Ursache kann auch eine bedrängte Situation sein, in der keine Gewichtsverlagerung mehr möglich ist (Abb. 65).
- Der *Körperschwerpunkt* wird vor allem bei schnellen Schlagbewegungen über das rechte Bein hinaus in die Schlagrichtung verlagert, so daß das Gleichgewicht durch das Vorsetzen des linken Beines wiederhergestellt werden muß.
- Beide Arme können mehr oder weniger stark gebeugt sein.

Ausschwungphase

- Manche Spieler lösen ab und zu nach dem Treffpunkt die *linke Hand vom Griff* und schwingen nur mit der rechten Hand aus (Abb. 66).
  Bei sehr schwungvollem Schlag erfolgt der *Ausschwung bis zur rechten Schulter* (Abb. 67).

Abb. 65: Rücklage beim Schlag

Abb. 66: Lösen der rechten Hand beim Ausschwung (Linkshänder)

Abb. 67: Ausschwung über die rechte Schulter

Abb. 68: Vorzeitige Rotation des Oberkörpers

Häufige Mängel und Fehler

Ausholphase

▽ *Sehr geringe Oberkörperdrehung;* dadurch ist die Ausholbewegung zu kurz; die Folge ist zu wenig Schwung, der Ball wird »gestoßen«.

▽ *Sehr enge Beinstellung;* das Körpergewicht kann in der Schlagphase nicht richtig nach vorne übertragen werden.

▽ *Der rechte Arm wird nicht in Körpernähe und nicht weit genug zurückgebracht;* dadurch ist die Schwungmöglichkeit in der Schlagphase begrenzt.

Schlagphase

▽ *Sehr frühes Strecken* der Beine; die Schlagbewegung vorwärts-aufwärts wird dadurch nicht unterstützt.

▽ *Sehr spätes Treffen* des Balles; dadurch sind die Sicherheit und Präzision beeinträchtigt.

▽ *Lockere Handgelenke;* dadurch sind Sicherheit und Präzision stark beeinträchtigt.

▽ *Der Oberkörper rotiert vorzeitig;* dadurch wird der Schläger zu früh nach rechts geschwungen, was Sicherheit, Präzision und Geschwindigkeit beeinträchtigt (Abb. 68).

Ausschwungphase

▽ *Sehr frühes Beenden* der Ausschwungbewegung; dadurch wird die Treffgenauigkeit stark beeinträchtigt.

Flugball – Vorhand und Rückhand

In welchen Situationen und mit welchen Absichten wird die Technik angewandt, wie ist der Ballflug?

Situationen und Positionen

- Flugball-Vorhand und -Rückhand werden zumeist im Bereich zwischen T-Linie und Netz geschlagen (ideal ca. 2–3 m vom Netz entfernt).

Taktische Absichten

- Der Ball soll, besonders wenn er vom T-Linienbereich aus gespielt wird, möglichst bis in die Nähe der gegnerischen Grundlinie fliegen, um den Gegner unter Druck zu setzen; dabei hat man selbst Zeit, eine günstige Netzposition einzunehmen (1).
- Der Ball soll so gespielt werden, daß der Gegner seitlich weit aus dem Feld getrieben wird bzw. daß er den Ball nicht mehr erreichen kann; das ist besonders dann möglich, wenn der Flugball nahe am Netz gespielt wird (2).
- Durch schnelle Bälle soll der Gegner in Zeitnot gebracht und infolgedessen zu hastigen, unkontrollierten Schlagbewegungen gezwungen werden.
- Durch das Flugballspiel soll dem Gegner keine Zeit gelassen werden, nach seinem Schlag wieder eine optimale Platzposition einzunehmen. Man kann den Ballwechsel beenden, indem man unerreichbar gegen die Laufrichtung oder in die entfernte Platzecke spielt.
- Steht ein Spieler beim Flugball dicht am Netz, wird der Gegner zu riskantem Spiel (Passierschläge) verleitet.
- Trotz der genannten Absichten soll der Ball relativ sicher gespielt werden.

Auswirkungen auf das Ballverhalten

- Die Ballfluggeschwindigkeit soll relativ hoch sein.
- Der Ball soll mit Rückwärtsdrall fliegen.

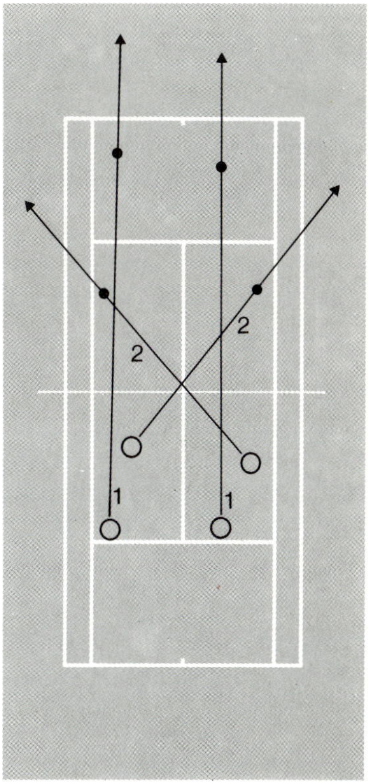

Abb. 69: Absichten

Abb. 70: Ballflug

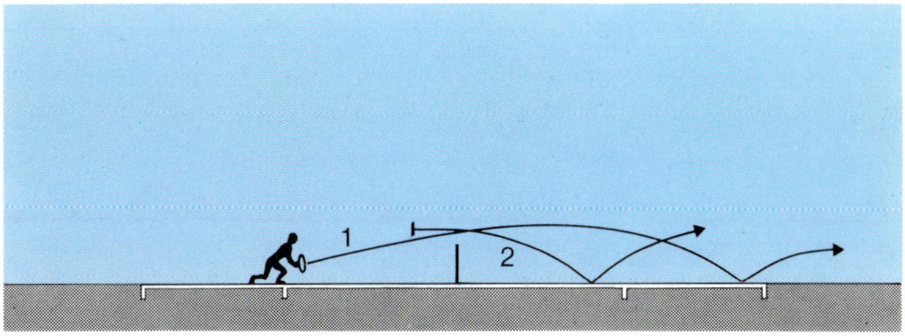

1 2 3 4 5

Abb. 71

Flugball-Vorhand

Wie sehen die Aktionen des Spielers beim Flugball mit Vorhand aus, damit er den gewünschten Ballflug verwirklichen kann und wie lassen sie sich begründen?

Kennzeichen der Hauptaktion innerhalb der Schlagphase

- Die Schlägerbewegung verläuft vorwärts und leicht abwärts, damit der Ball Rückwärtsdrall erhält.
- Der Schläger wird zum Treffpunkt hin beschleunigt, damit die gewünschte Geschwindigkeit erreicht und der Ball möglichst früh getroffen werden kann.
- Der Ball wird seitlich vor dem Körper mit stark fixiertem Handgelenk getroffen, um dem ankommenden Ball viel Widerstand zu bieten und eine optimale Energieübertragung zu erzielen; dabei ist die Schlagfläche bei tiefem Treffpunkt offen, beim Treffpunkt über Netzhöhe minimal geöffnet bzw. senkrecht (Bild 7).

6 7 8 9 10

Kennzeichen der Hilfsaktionen

Ausholphase

- Zu Beginn der Ausholphase wird der Schläger mit dem Vorhandgriff gefaßt, damit die Schlagfläche im Treffpunkt annähernd senkrecht gestellt und der Ball außerdem vor dem Körper getroffen werden kann.
- Der Oberkörper wird zurückgedreht und der Unterarm angehoben, so daß der Schlägerkopf über den voraussichtlichen Treffpunkt kommt (Bild 2, 3), damit die Schlagbewegung vorwärts-abwärts erfolgen kann.
- Aus Zeitgründen ist die Ausholbewegung im Vergleich zu den Grundschlägen wesentlich kürzer.
- Das Körpergewicht wird auf das rechte Bein verlagert (Bild 2); das linke Bein wird bei Flugbällen mit Treffpunkt über Netzhöhe noch nicht vorgesetzt, damit man bei der Schlagbewegung dem Ball einen Schritt entgegen gehen kann. Bei Flugbällen mit tiefem Treffpunkt wird *der linke Fuß schon vor der Schlagbewegung aufgesetzt;* der Spieler benötigt keine Unterstützung der Schlagbewegung durch die Gewichtsverlagerung, weil der tiefe Flugball nicht so dynamisch gespielt wird und der Spieler dadurch besser im Gleichgewicht ist.

Schlagphase

- Während der vorwärts-abwärts gerichteten Schlagbewegung vergrößert sich der Winkel im Ellbogengelenk (Bild 3–5), wobei sich der Ellbogen in Schlagrichtung bewegt; dadurch wird ein optimaler Treffpunkt erreicht.
- Gleichzeitig mit der Armbewegung erfolgt ein Schritt mit dem linken Bein dem Ball entgegen (Bild 3–6); diese Gewichtsverlagerung nach vorne-unten unterstützt die Schlagbewegung.
- Das linke Bein wird beim Aufsetzen auf dem Boden gebeugt (Bild 6, 7), damit wird die Vorwärts-abwärts-Bewegung unterstützt.
- Der Oberkörper dreht beim Schlag in Schlagrichtung (Bild 5–7); damit ist es möglich, den Ball früh zu treffen.

Ausschwungphase

- Im Ausschwung verläuft die Bewegung zunächst weiter vorwärts-abwärts in Richtung der Schlagbewegung und endet dann in einer leichten vorwärts-aufwärts gerichteten Bewegung, die harmonisch in das Einnehmen der Ausgangsstellung übergeht (Bild 8–10).

Bewegungsspielräume mit ihren Vor- und Nachteilen

Ausholphase

- Manche Spieler halten den Schläger mit dem *Mittelgriff* (vgl. S. 34); verwendet der Spieler diesen Griff auch beim Flugball Rückhand, so braucht er nicht umzugreifen; nachteilig wirkt sich dabei aus, daß keine optimale Kraftübertragung möglich ist; der Treffpunkt liegt bei annähernd senkrechter Stellung der Schlagfläche nicht weit genug vorne und das Handgelenk ist besonders stark beansprucht; mit dem Mittelgriff ist es allerdings einfacher, den Ball beim tiefen Flugball mit entsprechend geöffneter Schlagfläche zu treffen.
- Bei langsam ankommenden Bällen kann die Ausholbewegung *räumlich weiter ausgeprägt* sein, der Schlagarm ist am Ende der Ausholbewegung schon fast gestreckt, es wird ein langer Beschleunigungsweg vorbereitet, um den Ball härter und weiter ins Feld schlagen zu können.

Schlagphase

- Bei langsam ankommenden Bällen kann die Schlagbewegung *schwungvoller* erfolgen, die Ballkontrolle kann dadurch allerdings etwas beeinträchtigt werden.
- Bei sehr schnell ankommenden Bällen ist die *Schlagbewegung sehr kurz,* der Ball wird fast nur abgeblockt; größere Bewegungsumfänge würden zu unsicherem und zu spätem Treffen führen.

Ausschwungphase

- Der Ausschwung ist je nach der Dynamik des Schlages *verschieden stark ausgeprägt;* auch der Übergang in die Ausgangsstellung erfolgt demnach mehr oder weniger flüssig.

Abb. 72: Geöffnete Schlagfläche beim tiefen Flugball

Häufige Mängel und Fehler

Ausholphase

▽ *Rückhandgriff;* es ist keine optimale Kraftübertragung möglich, der Treffpunkt liegt räumlich gesehen zu weit hinten und die Schlagfläche ist kaum senkrecht zu stellen.

▽ *Sehr lockeres Handgelenk;* der Schlägerkopf kommt zu spät zurück, es ist deshalb schwer, den Ball im richtigen Moment zu treffen und das Handgelenk genau im Treffpunkt zu fixieren.

▽ *Sehr hohes und weites Ausholen* (der Oberarm ist zu weit vom Oberkörper entfernt); die Schlagbewegung erfolgt dadurch nicht in die beabsichtigte Richtung nach vorne, sondern stark nach links vor den Körper (Abb. 73).

▽ *Geradlinig nach hinten oder sogar nach hinten-unten gerichtete Ausholbewegung;* die gewünschte Schlagbewegung von hinten-oben nach vorne-unten ist dann nicht möglich.

Schlagphase

▽ *Keine vorwärts-abwärts gerichtete Schlagbewegung;* es fehlen deshalb Sicherheit und Kontrolle.

▽ *Starke Überbetonung der Abwärtsbewegung;* es wird zwar viel Rückwärtsdrall erzeugt, aber der Ball erhält nur geringe Geschwindigkeit.

▽ Schlagbewegung erfolgt *nicht genügend weit in Schlagrichtung;* es ist schwer, den Schlag zu kontrollieren.

Abb. 73: Sehr hohe und weite Ausholbewegung beim Flugball mit Vorhand

Abb. 74: Sehr spätes Treffen des Balles beim Flugball mit Vorhand

▽ *Sehr spätes Treffen* des Balles; dadurch ist die Gewichtsverlagerung nicht möglich (Abb. 74).

▽ *Keine Fixation des Handgelenkes* beim Treffen des Balles; Sicherheit und Kontrolle des Flugballes werden dadurch stark beeinträchtigt.

▽ *Keine oder sehr frühe Gewichtsverlagerung;* hierbei wird die Bewegung nur mit dem Arm ausgeführt; es fehlen daher Bewegungskoordination und Ballkontrolle (Abb. 75).

Ausschwungphase

▽ *Sehr früher Beginn* der Ausschwungbewegung; dadurch ist die Ballkontrolle des Flugballes stark eingeschränkt.

Abb. 75: Sehr frühe Gewichtsverlagerung beim Flugball mit Vorhand

10 9 8 7 6

Abb. 76

Flugball-Rückhand

Wie sehen die Aktionen des Spielers beim Flugball mit Rückhand aus, damit er den gewünschten Ballflug verwirklichen kann und wie lassen sie sich begründen?

Kennzeichen der Hauptaktion innerhalb der Schlagphase

- Die Schlägerbewegung verläuft vorwärts und leicht abwärts, damit der Ball Rückwärtsdrall erhält.
- Der Schläger wird zum Treffpunkt hin beschleunigt, damit die gewünschte Geschwindigkeit erreicht und der Ball möglichst früh getroffen werden kann.
- Der Ball wird seitlich vor dem Körper mit stark fixiertem Handgelenk getroffen, um dem ankommenden Ball viel Widerstand zu bieten und eine optimale Energieübertragung zu erzielen; dabei ist die Schlagfläche beim Treffpunkt über Netzhöhe annähernd senkrecht (Bild 7).

5 4 3 2 1

Kennzeichen der Hilfsaktionen

Ausholphase

- Zu Beginn der Ausholphase wird der Schläger mit dem Rückhandgriff gefaßt, damit die Schlagfläche im Treffpunkt annähernd senkrecht gestellt und der Ball deutlich vor dem Körper getroffen werden kann.
- Der Oberkörper wird so weit zurückgedreht, daß die Schulterachse parallel zur Schlagrichtung steht, der Unterarm wird leicht angehoben (Bild 2, 3), damit die Schlagbewegung vorwärts-abwärts erfolgen kann.
- Aus Zeitgründen ist die Ausholbewegung im Vergleich zu den Grundschlägen wesentlich kürzer.
- Die linke Hand bleibt bei der Ausholbewegung am Schlägerhals und unterstützt so die Oberkörperdrehung (Bild 3).
- Das Körpergewicht wird auf das linke Bein verlagert; das rechte Bein wird beim Flugball mit hohem Treffpunkt noch nicht aufgesetzt (Bild 2, 3), damit man bei der Schlagbewegung dem Ball einen Schritt entgegengehen kann.

Schlagphase

- Der Arm wird im Ellbogengelenk während der Schlagbewegung gestreckt (Bild 4–6), um die gewünschte Schlägerbeschleunigung und einen frühen Treffpunkt zu gewährleisten.
- Mit Beginn der Schlagbewegung erfolgt ein Schritt mit dem rechten Bein dem Ball entgegen (Bild 4–6); diese Gewichtsverlagerung unterstützt die Schlagbewegung.
- Das rechte Bein wird beim Aufsetzen auf dem Boden gebeugt (Bild 5, 6) und unterstützt damit die Vorwärts-abwärts-Bewegung.
- Die Schulterachse bleibt parallel zur Schlagrichtung (Bild 7, 8), um gute Kontrolle und große Genauigkeit zu erzielen.
- Der linke Arm wird zur Erhaltung des Gleichgewichts und zur Beibehaltung der seitlichen Schlagstellung leicht nach hinten bewegt (Bild 8, 9).

Ausschwungphase

- Im Ausschwung verläuft die Bewegung zunächst weiter vorwärts-abwärts in Richtung der Schlagbewegung und endet dann in einer leicht vorwärts-aufwärts gerichteten Bewegung (Bild 8–10), die harmonisch in das Einnehmen der Ausgangsstellung übergeht.

Bewegungsspielräume mit ihren Vor- und Nachteilen

Ausholphase

- Manche Spieler fassen den Schläger beim Flugball mit Rückhand mit dem *Mittelgriff;* diese Griffhaltung eignet sich zum Spielen von tiefen Flugbällen; bei den Bällen, die über Netzhöhe getroffen werden, steht die Schlagfläche allerdings deutlich offen, so daß zum Erreichen einer senkrechten Schlagflächenstellung das Handgelenk gebeugt werden muß und damit stark beansprucht und die Kraftübertragung nicht optimal ist.
- Bei hohen Treffpunkten (Schulterhöhe und darüber) sind Ober- und Unterarm nahezu parallel zum Boden, der *Ellbogen befindet sich auf Schulterhöhe.*

Schlagphase

- Bei langsam ankommenden Bällen kann die Schlagbewegung *schwungvoller* ausfallen, um den Ball ohne übermäßigen Kraftaufwand entsprechend zu beschleunigen.
- Bei hohen Treffpunkten beginnt die Schlagbewegung mit einem Anheben des Schlägerkopfes durch ein *Drehen des Unterarmes* um das Ellbogengelenk, um den Schlägerkopf schon mit entsprechendem Schwung über den späteren Treffpunkt zu bringen.
- Bei sehr schnell ankommenden Bällen ist die Schlagbewegung *stark verkürzt,* um den Ball noch rechtzeitig zu treffen.

Ausschwungphase

- Der Ausschwung ist je nach der Dynamik des Schlages *verschieden stark ausgeprägt,* er kann im Extremfall völlig wegfallen; der Übergang in die Ausgangsstellung erfolgt mehr oder weniger flüssig.

Abb. 77: Keine Armstreckung beim Treffen der Flugball-Rückhand

Abb. 78: Frühe Rotation des Oberkörpers beim Flugball-Rückhand

Häufige Mängel und Fehler

Ausholphase

▽ *Vorhandgriff;* es ist deshalb keine Kraftübertragung möglich und der Treffpunkt liegt räumlich gesehen zu weit hinten.

▽ *Keine Unterstützung der Ausholbewegung mit der linken Hand;* der Oberkörper wird dadurch häufig zu wenig oder auch gar nicht gedreht und der Treffpunkt liegt deshalb seitlich zu nah am Körper; die Bewegung gleicht dann eher einer »Stoß-« als einer Schwungbewegung.

▽ *Geradlinig nach hinten oder sogar nach hinten-unten gerichtete* Ausholbewegung; die Schlagbewegung kann deshalb nicht von oben nach unten erfolgen.

Schlagphase

▽ *Keine vorwärts-abwärts gerichtete* Schlagbewegung; es fehlen Sicherheit und Kontrolle.

▽ *Starke Überbetonung der Abwärtsbewegung;* es wird zwar viel Rückwärtsdrall erzeugt, aber der Ball erhält nur geringe Geschwindigkeit.

▽ Schlagbewegung erfolgt *nicht genügend weit in Schlagrichtung;* es ist schwer, den Schlag zu kontrollieren.

▽ *Keine Armstreckung* während der Schlagbewegung; dadurch geht die Bewegung nach rechts und nicht in die gewünschte Richtung nach vorne; der Ball erhält Seitwärtsdrall (Abb. 77).

▽ *Rotation des Oberkörpers* während der Schlagbewegung; dadurch werden die Genauigkeit und Kontrolle beeinträchtigt (Abb. 78).

▽ *Sehr spätes Treffen* des Balles; dadurch ist die Gewichtsverlagerung nicht möglich.

▽ *Keine Fixation des Handgelenks* beim Treffen des Balles; Sicherheit und Kontrolle des Flugballs werden dadurch stark beeinträchtigt.

▽ *Keine oder sehr frühe Gewichtsverlagerung;* hierbei wird die Bewegung nur mit dem Arm ausgeführt; es fehlen daher Bewegungskoordination und Ballkontrolle.

Ausschwungphase

▽ *Sehr früher Beginn* der Ausschwungbewegung; dadurch ist die Ballkontrolle stark eingeschränkt.

Aufschlag

In welchen Situationen und mit welchen Absichten wird die Technik angewandt, wie ist der Ballflug?

Situationen und Positionen

- Der Aufschlag wird als Eröffnungsschlag hinter der Grundlinie und je nach Spielstand rechts oder links von der Mitte geschlagen.

Taktische Absichten

- Der Ball soll in das schräg gegenüberliegende Aufschlagfeld geschlagen werden.
- Mit dem ersten Aufschlag soll versucht werden, entweder einen direkten Punkt zu machen oder den Gegner durch Schnelligkeit und Plazierung des Balles so unter Druck zu setzen, daß er als Folge davon zu einem schwachen oder fehlerhaften Return gezwungen wird.
- Der zweite Aufschlag soll in erster Linie auf Sicherheit und Plazierung gespielt werden, weil selbstverständlich ein Fehlversuch einen Doppelfehler und damit einen Punktverlust bedeutet.

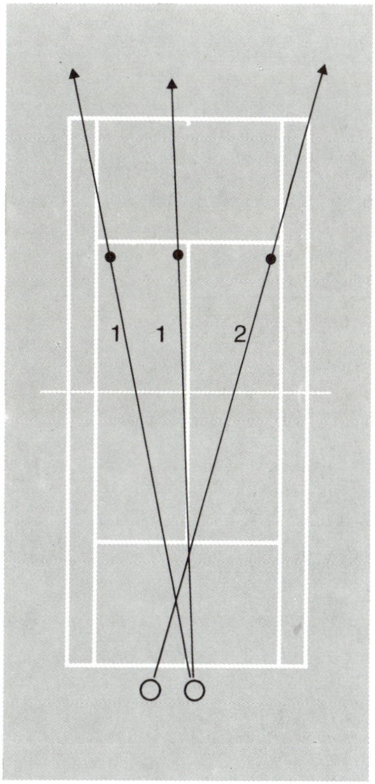

Auswirkungen auf das Ballverhalten

- Der Ball soll beim ersten Aufschlag mit hoher Geschwindigkeit in einer flachen Kurve fliegen (1).
- Beim zweiten Aufschlag soll er mit verminderter Geschwindigkeit in einer stärker gekrümmten Bahn übers Netz fliegen (2).

Abb. 79: Absichten

Abb. 80: Ballflug

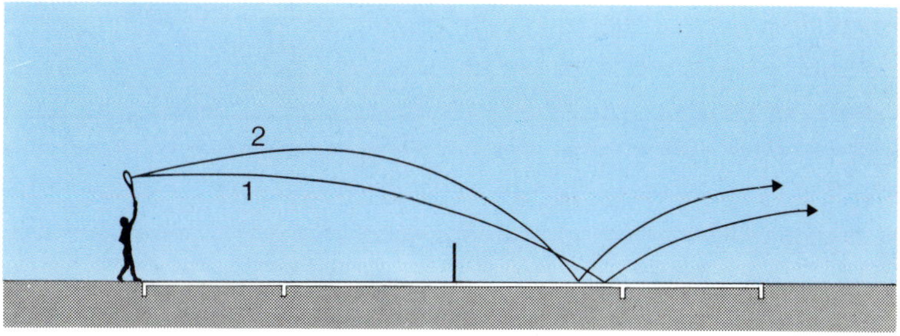

16 15 14 13 12 11 10 9

Abb. 81

Aufschlag

Wie sehen die Aktionen des Spielers beim Aufschlag aus, damit er den gewünschten Ballflug verwirklichen kann und wie lassen sie sich begründen?

Kennzeichen der Hauptaktion innerhalb der Schlagphase

- Der Schlägerkopf wird steil aufwärts-vorwärts (Bild 8–11) bis zum Treffpunkt optimal beschleunigt.
- Der Schlägerkopf ist im Treffpunkt beinahe senkrecht zum Boden und rechtwinklig zur Schlagrichtung.
- Die Schlagfläche wird vor allem aufgrund der Pronation des Armes erst kurz vor dem Treffen senkrecht zur Schlagrichtung gedreht (Bild 10, 11).
- Der Ball wird vor dem linken Fuß ca. 20 cm vor der Grundlinie am höchstmöglichen Punkt getroffen (Bild 11), um die Streckung zu ermöglichen.

Kennzeichen der Hilfsaktionen

Ausholphase

- Der Schläger wird mit dem Rückhandgriff gefaßt.
  Die Stellung der Füße ist etwa schulterbreit auseinander (Bild 1), um eine stabile Ausgangsstellung zu gewährleisten.
- Zu Beginn der Ausholphase wird der Schläger in einer Pendelbewegung im unteren Bogen zuerst abwärts-aufwärts geführt (Bild 1–3).
- Gleichzeitig wird der Oberkörper gedreht und das Körpergewicht kurzfristig auf den rechten Fuß verlagert (Bild 1–3).
- Mit der Pendelbewegung wird der Ball mit dem linken Arm bei festem Handgelenk hochgeführt (Bild 1–3).
- Das Aufwärtsführen des Wurfarms erfolgt etwa in Richtung rechter Netzpfosten, damit der Ball zum optimalen Treffpunkt geworfen werden kann.

8 7 6 5 4 3 2 1

- Der Ball verläßt die Hand etwa in Stirnhöhe (Bild 3), um die Wurfhöhe und Wurfrichtung gut kontrollieren zu können.
- Der Ball wird etwas höher als der höchste erreichbare Treffpunkt geworfen.
- Gleichzeitig mit der Gewichtsverlagerung auf den linken Fuß neigt sich der Oberkörper rückwärts, das Becken wird nach vorne geschoben, die Knie, vor allem das linke, beugen sich (Bild 4, 5).
- Der Oberkörper neigt sich zunehmend nach rückwärts, dies vervollständigt die Bogenspannung; die Bogenspannung ermöglicht einen langen Beschleunigungsweg.
- Während Knie und Becken nach vorne geschoben werden, wird durch das Beugen des Ellbogens der Schläger über die rechte Schulter geführt (Bild 4, 5).

Schlagphase

- Die Streckung des Körpers zum Treffpunkt hin wird von unten nach oben eingeleitet; zuerst strecken sich die Knie (Bild 6, 7), dann nacheinander der Oberkörper (Bild 7–9), der Arm im Ellbogengelenk (Bild 9, 10) und schließlich das Handgelenk (Bild 11).
- Mit Beginn der Schlagbewegung senkt sich der linke Arm (Bild 6).
- Der Schläger befindet sich erst am tiefsten Punkt der Schleife hinter dem Rücken, wenn die Knie schon vollkommen gestreckt sind.
- Während der Streckung des Körpers (Auflösen der Bogenspannung) dreht sich der Oberkörper in Schlagrichtung (Bild 8–11).
- Der Schläger wird zunehmend zum Treffpunkt hin beschleunigt.
- Im Treffpunkt ist die Schulter des Schlagarmes so hoch wie möglich, der Schlagarm ist voll durchgestreckt, linker Fuß, rechte Schulter und Schlaghand bilden eine Achse, der linke Arm befindet sich zur Stabilisierung vor dem Körper (Bild 11).

Ausschwungphase

- Nach dem Treffen rotiert der rechte Unterarm weiter nach außen und schwingt dabei nach rechts ab (Bild 12, 13).
- Aufgrund der hohen Beschleunigung des Schlägers in der Hauptaktion und der Pronation des Armes kippt das Handgelenk nach rechts-vorwärts ab (Bild 14).
- Der Oberkörper folgt dem Ball in die Schlagrichtung.
- Der rechte Fuß setzt im Platz auf und fängt das Körpergewicht ab (Bild 15, 16).
- Der Schlagarm schwingt vor dem Körper zur linken Körperseite aus (Bild 16).
- Der linke Arm bleibt vor dem Körper (Bild 11–16).

Bewegungsspielräume mit ihren Vor- und Nachteilen

Ausholphase

- Manche Spieler benutzen den *Mittelgriff;* dieser Griff kann eine gewisse Bewegungseinschränkung verursachen.
- Es gibt Unterschiede in der *zeitlichen Abstimmung von Schlägerbewegung und Ballwurf:*
  - beide Arme werden gleichzeitig nach unten und wieder nach oben geführt
  - die Bewegung der Hand mit dem Ball abwärts ist sehr schnell und kurz
  - der Arm mit dem Schläger wird abwärts und der mit dem Ball aufwärts geführt.

  Alle drei Arten ermöglichen einen guten Aufschlag; je nach Koppelung der verschiedenen Teilbewegungen ergeben sich Folgen für die Ballwurfhöhe.
- Manche Spieler führen den Ball mit *leicht gebeugtem Arm* nach oben (Bildreihe Abb. 81); günstiger ist aber, den Arm gestreckt zu halten, um eine bessere Kontrolle der Wurfbewegung zu erreichen.
- Manche Spieler beginnen den Aufschlag *mit dem Gewicht auf dem rechten Fuß;* das ist dann empfehlenswert, wenn sich bei der Gewichtsverlagerung auf den linken Fuß die Beine nicht vorzeitig strecken.
- Oberkörperdrehung und Bogenspannung können verschieden stark ausgeprägt sein.

Abb. 82: Ausschwung vor dem Körper

Schlagphase

- In der Schlagphase ist der *zeitlich-dynamische Ablauf* zumeist individuell sehr unterschiedlich ausgeprägt.
- Der *Körpereinsatz* zur Unterstützung der Schlägerbeschleunigung ist oft unterschiedlich stark ausgeprägt.
- Manche Spieler *springen* bei hoher Dynamik mit dem linken Fuß voraus in die Schlagrichtung und landen auf dem linken Fuß.

Ausschwungphase

- *Die Landung* kann sowohl auf dem rechten, wie auch auf dem linken Bein erfolgen.
- *Der Ausschwung endet vor dem Körper* (siehe Abb. 82).

Abb. 83: Heranziehen des Oberarms zum Oberkörper

Abb. 84: Frühzeitiges Strecken des Körpers

Häufige Mängel und Fehler

Ausholphase

▽ *Vorhandgriff;* dadurch wird die Streckung des Handgelenkes im Treffpunkt erschwert; der Ball kann nicht im höchstmöglichen Punkt getroffen werden.

▽ *Sehr enge Beinstellung in der Ausgangsstellung;* dadurch kann es zu Gleichgewichtsproblemen in der Ausholphase kommen.

▽ *Sehr frontale Stellung* des Körpers; dadurch ist der Schwung, der auch aus der Körperrotation kommt, vermindert.

▽ *Keine Pendelbewegung,* sondern Heben des Schlägers vor dem Körper über die rechte Schulter nach oben; dadurch wird die Ausholbewegung stark verkürzt; außerdem ist der Bewegungsrhythmus gestört.

▽ *Heranziehen des Oberarmes zum Oberkörper* beim Beugen des Ellbogens; dadurch wird der Bewegungsfluß unterbrochen und die Beschleunigung vermindert (Abb. 83).

▽ *Das Körpergewicht wird sofort auf den vorderen Fuß verlagert;* dadurch wird meist auch der Körper vorzeitig durchgestreckt, es fehlt der richtige Körpereinsatz und zudem kommt es zum vorzeitigen Vorneigen des Oberkörpers schon vor dem Treffpunkt (Abb. 84).

▽ *Sehr hohes Werfen des Balles;* dadurch werden Rhythmus und Bewegungsfluß häufig gestört; außerdem ist es schwierig, einen senkrecht fallenden Ball genau zu treffen.

▽ *Zu niedriges Werfen des Balles;* dadurch kommt es zu einer überhasteten Ausholbewegung und der Treffpunkt stimmt nicht mit der vollen Streckung des Körpers überein.

▽ *Der Ball wird weit vor, zur Seite oder nach hinten geworfen;* dadurch erfolgt die Gewichtsverlagerung in die falsche Richtung, und der Ball wird nicht im optimalen Treffpunkt getroffen.

Schlagphase

▽ *Unterbrechen des Bewegungsflusses* im tiefsten Punkt der Schleife; dadurch kann kein maximaler Schwungeinsatz des Schlägers im Treffpunkt und keine

Abb. 85: Frühes Strecken von Ellbogengelenk und Handgelenk

Abb. 86: Vorzeitiges Vorsetzen des rechten Fußes

Abb. 87: Zurückschieben des Beckens im Treffpunkt

optimale Koordination erzielt werden.

▽ *Kein Durchstrecken des Schlagarmes;* dadurch wird der Ball mit vermindertem Schwung und nicht im höchstmöglichen Punkt getroffen.

▽ *Verlagerung des Gewichts zurück* auf den rechten Fuß; dadurch kommt der Körper in Rücklage, wodurch die Schlagsicherheit leidet und der Körpereinsatz nicht in Richtung Treffpunkt erfolgt.

▽ *Der rechte Fuß bleibt in der Position der Ausholphase;* dadurch wird der Körpereinsatz verhindert.

▽ *Frühes Strecken von Arm und Handgelenk* (deutlich vor dem Treffpunkt); dadurch wird die Bewegungsbeschleunigung stark beeinträchtigt (Abb. 85).

▽ *Vorzeitiges Vorsetzen des rechten Fußes* in die Schlagrichtung; dadurch kommt es zu einer vorzeitigen Körperrotation, es ist keine Gewichtsverlagerung in Schlagrichtung mehr möglich (Abb. 86).

▽ *Zurückschieben des Beckens;* damit wird ein zu frühzeitiges Durchstrecken des Körpers deutlich, der Ball kann nicht im höchstmöglichen Punkt getroffen werden (Abb. 87).

Ausschwungphase

▽ *Ausschwingen des Schlagarmes an der rechten Körperseite vorbei; Beschleunigung des Schlägers nach dem Treffpunkt;* dadurch keine optimale Geschwindigkeit im Treffpunkt.

Gerader Lob – Vorhand und Rückhand

In welchen Situationen und mit welchen Absichten wird die Technik angewandt, wie ist der Ballflug?

Situationen und Positionen

- Der gerade Lob wird zumeist vom Grundlinienbereich aus geschlagen, manchmal auch vom Bereich zwischen Grund- und T-Linie.

Taktische Absichten

- Der zum Netz vorlaufende oder am Netz stehende Gegner soll überspielt werden; d. h., der Ball soll so geschlagen werden, daß er möglichst nahe an der Grundlinie aufspringt und vom Gegner nur mit Mühe zurückgeschlagen werden kann. Man spielt den Lob vor allem dann, wenn der Gegner sehr nahe am Netz steht und wenn der Gegner relativ klein ist.
- Der Ball soll so geschlagen werden, daß er von dem zum Netz vorlaufenden oder am Netz stehenden Gegner nur unter großen Schwierigkeiten (hoher, ungünstiger Treffpunkt) geschmettert werden kann; dies gilt vor allem dann, wenn sich der Ball aus großer Höhe steil senkt, wenn der Gegner ihn nur hinter dem Körper oder auf der Rückhandseite treffen kann.

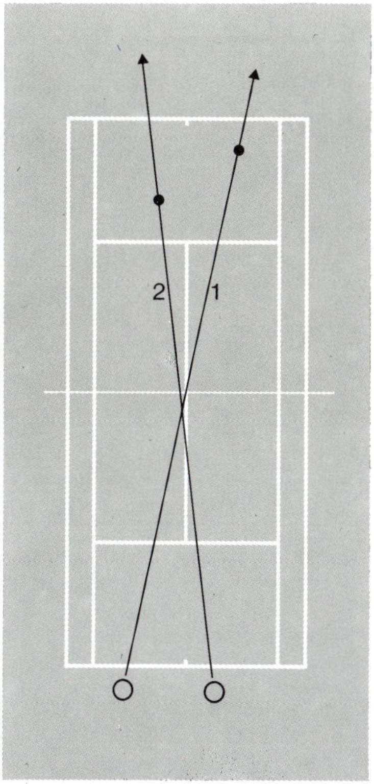

Abb. 88: Absichten

- Manchmal wird der gerade Lob (insbesondere mit großer Höhe) auch denn geschlagen, wenn der Gegner aus dem Rhythmus gebracht werden soll, oder um sich kurzfristig vom Spieldruck des Gegners zu befreien.
- Er kann auch eine Antwort sein auf das Überlobbt-Werden durch den Gegner nach einem eigenen Angriff ans Netz oder auf den Lob des Gegners, der selbst an der Grundlinie verbleibt.

Auswirkungen auf das Ballverhalten

- Der Ball soll ohne deutlichen Vorwärts- oder Rückwärtsdrall fliegen.
- Zum Überspielen soll der Ball weder zu niedrig fliegen, damit er nicht geschmettert werden kann, noch zu hoch, damit er vom Gegner aufgrund der dann zur Verfügung stehenden Zeit nicht leicht erlaufen werden kann.
- Aus der Defensive soll der Ball möglichst hoch geschlagen werden, um dem Gegner Schwierigkeiten zu bereiten möglichst senkrecht fallen.

Abb. 89: Ballflug

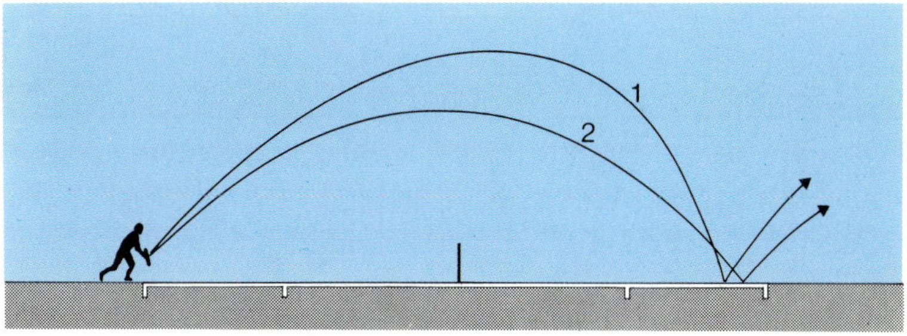

Abb. 90

Gerader Lob – Vorhand und Rückhand

Wie sehen die Aktionen des Spielers beim geraden Lob mit Vorhand und Rückhand aus, damit er den gewünschten Ballflug verwirklichen kann, und wie lassen sie sich begründen?

Kennzeichen der Hauptaktion innerhalb der Schlagphase

- Der Schläger wird steil vorwärts-aufwärts mit geöffneter Schlagfläche geschwungen (Bild 7–9).
- Der Schläger wird möglichst weit in Schlagrichtung geschwungen (Bild 7–9), um große Genauigkeit und Sicherheit zu erreichen.
- Der Schläger wird (im Vergleich zum Grundschlag) mit geringerer Beschleunigung geschwungen, um größere Genauigkeit und Sicherheit zu erreichen.
- Der Ball wird seitlich und vor der Hüfte mit fixiertem Handgelenk und weit geöffneter Schlagfläche getroffen (Bild 9), um eine optimale Energieübertragung zu erzielen.

Kennzeichen der Hilfsaktionen

Ausholphase

- Zu Beginn der Ausholphase, d. h. in der Ausgangsstellung wird der Schläger mit Vorhandgriff (bzw. mit Rückhandgriff beim geraden Lob mit Rückhand) gefaßt, so daß der Ball weit genug vor dem Körper getroffen werden kann.
- Beim geraden Lob mit Rückhand wird die Ausholbewegung auch noch dadurch eingeleitet, daß die linke Hand den Schläger am Schlägerhals zurückführt; damit wird die Ausholbewegung stabilisiert und der Oberkörper weiter zurückgedreht.
- Der Oberkörper wird zur rechten Seite gedreht (beim geraden Lob mit Rückhand besonders stark entsprechend zur linken Seite), der Schläger wird mit flachem Bogen nach hin-

7 8 9 10 11 12

ten-oben zurückgeführt, so daß ein fließender Übergang in die Schlagbewegung möglich ist (Bild 3–6).

Schlagphase

- Der Körperschwerpunkt wird durch deutliches Beugen der Knie nach unten verlagert (Bild 5, 6).
- Das linke Bein (bzw. rechte Bein beim geraden Lob mit Rückhand), das bei der Schlag- und Ausschwungbewegung als Standbein benutzt wird, wird in die beabsichtigte Schlagrichtung vorgesetzt (Bild 5); dabei sollen die Füße zur Erhaltung des Gleichgewichts mindestens hüftbreit auseinander sein; beim geraden Lob mit Rückhand ist die seitliche Stellung so ausgeprägt, daß die rechte Rückenhälfte zum Netz zeigt.
- Der Schläger wird im Übergang zur Schlagphase stark gesenkt und dabei vor allem beim geraden Lob mit Rückhand bereits geöffnet, damit der Schläger in der Schlagphase schon mit gewünschter Schlagflächenstellung zum Treffpunkt geschwungen werden kann.
- Das Körpergewicht wird auf das vordere Bein verlagert.
- Die Beine beginnen sich zur Unterstützung der Aufwärtsbewegung in Koordination mit der Hauptaktion zu strecken.
- Der Schlagarm bleibt locker gestreckt.
- Die seitliche Fußstellung wird beim Lob mit Vorhand und Rückhand beibehalten. Beim Lob mit Vorhand dreht der Oberkörper in Schlagrichtung, beim Lob mit Rückhand wird die seitliche Stellung beibehalten, um den Ball im optimalen Treffpunkt zu treffen und eine gute Schlagkontrolle zu erzielen.

Ausschwungphase

- Die Schwungbewegung des Schlägers klingt relativ weit in Schlagrichtung und steil nach oben aus (Bild 10–12).
- Am Ende der Ausschwungphase befindet sich der Schläger deutlich über Kopfhöhe (Bild 12).

Bewegungsspielräume mit ihren Vor- und Nachteilen

Ausholphase

- Manche Spieler wenden (wie bei den Grundschlägen) auch beim geraden Lob mit Vorhand und Rückhand den *Mittelgriff* an; dies ist vor allem deshalb nicht nachteilig, da beim geraden Lob Bewegungsbeschleunigung und Kraftübertragung bei der Hauptaktion nicht so bedeutsam sind und die Schlagfläche im Treffpunkt offen steht.
- Individuell ausgeprägt sind in erster Linie die Bewegungsausführung des *oberen Bogens beim Ausholen* und der *zeitlich-dynamische Ablauf,* insbesondere beim Übergang zwischen dem Zurückführen des Schlägers in der Ausholphase und seiner Aufwärtsbewegung in der Schlagphase.
- Wenn der Gegner in der Wettkampfsituation über den beabsichtigten Schlag getäuscht werden und z. B. einen Grundschlag erwarten soll, dann *ähnelt das Ausholen dem beim Grundschlag.*

Schlagphase

- In manchen Situationen erfolgt die Schlagbewegung mit *Rücklage* des Oberkörpers; dies kann bei schnell ankommenden Bällen vorteilhaft sein, da Zeit gewonnen und insbesondere die steile Aufwärtsbewegung des Schlägers erleichtert wird.

Ausschwungphase

- Je langsamer die Schlagbewegung ist, desto *kürzer* kann auch die Ausschwungbewegung sein.

Häufige Mängel und Fehler

Ausholphase

▽ *Keine oder nur geringe Oberkörperdrehung;* dadurch wird die Weite der Ausholbewegung beeinträchtigt. Beim Lob mit Rückhand kommt hinzu, daß in der Schlagphase dann keine lockere Schwungbewegung möglich ist.

▽ *Kein Beugen der Knie;* es fehlt die Unterstützung der steilen Aufwärtsbewegung des Schlägers in der Hauptaktion, insbesondere sind auch der zeitlich-dynamische Ablauf der Gesamtbewegung und die Koordination aller Einzelbewegungen beeinträchtigt.

▽ *Keine Unterstützung der Ausholbewegung mit der linken Hand* beim geraden Lob mit Rückhand; dadurch wird häufig der Oberkörper nicht genügend zurückgedreht und die Bewegungskontrolle, insbesondere beim Übergang zwischen Aushol- und Schlagphase, verschlechtert sich.

Schlagphase

▽ *Kein tiefes Senken des Schlägerkopfes;* dadurch wird die steile Aufwärtsbewegung des Schlägers beeinträchtigt (Abb. 91).

Abb. 91: Kein tiefes Senken des Schlägerkopfes

Abb. 92: Sehr frühes Strecken der Beine

▽ *Sehr frühes Strecken der Beine;* dadurch verschlechtert sich vor allem die Koordination des Vorwärts-aufwärts-Schwingens (Abb. 92).

▽ *Sehr spätes oder vom Körper entferntes bzw. körpernahes Treffen des Balles;* auch diese Fehler führen dazu, daß die Schlagkontrolle verschlechtert wird.

▽ *Keine Fixation des Handgelenks* beim Treffen des Balles; dies verschlechtert die Ballkontrolle erheblich.

Ausschwungphase

▽ *Sehr frühes Beenden* der Ausschwungbewegung durch Abblocken des Bewegungsflusses bei langsam ankommenden Bällen; dadurch wird die Ballkontrolle stark beeinträchtigt.

▽ *Abbremsen der Bewegung* unmittelbar nach dem Treffen; dies zeigt an, daß der Schwung der Schlagbewegung und die Ballkontrolle beeinträchtigt waren.

Schmetterball

In welchen Situationen und mit welchen Absichten wird die Technik angewandt, wie ist der Ballflug?

Situationen und Positionen

- Der Schmetterball wird am häufigsten im Mittelfeld geschlagen (zwischen Netz und ca. 1 m hinter der Aufschlaglinie, Bild 2, 3).
- Bei sehr langem und hohem Lob wird er nach dem Aufsprung des Balles in der Nähe der Grundlinie geschlagen (Bild 1).

Taktische Absichten

- Ein gut erreichbarer Lob soll so geschmettert werden (hart, plaziert), daß der Gegner nicht mehr an den Ball kommen kann.
- Ein schwer erreichbarer Lob soll sicher und lang oder etwas weicher und seitlich geschmettert werden, um Zeit zu gewinnen und eine gute Ausgangsposition zur Fortsetzung des Angriffs einnehmen zu können.

Auswirkungen auf das Ballverhalten

- Der Ball soll entweder mit sehr hoher Geschwindigkeit und wenig Drall geschlagen werden oder
- langsamer und mit etwas mehr Drall fliegen.

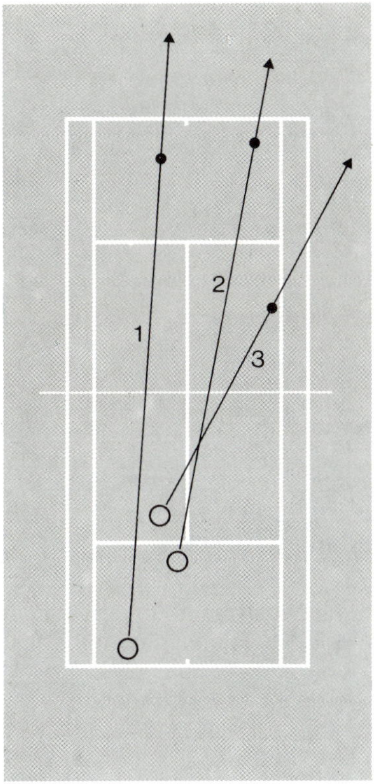

Abb. 93: Absichten

Abb. 94: Ballflug

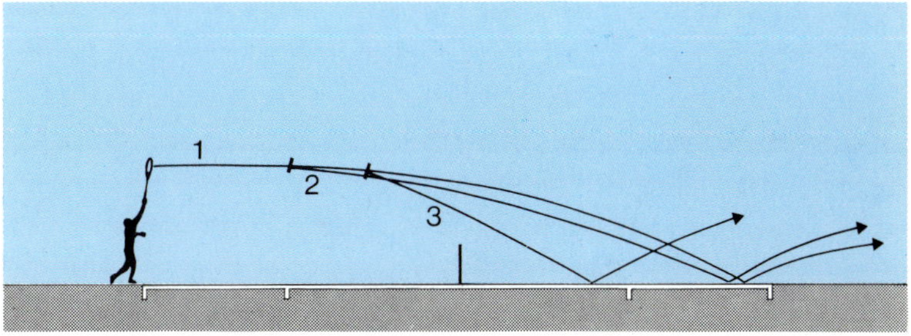

12 11 10 9 8 7

Abb. 95: Schmetterball

Schmetterball

Wie sehen die Aktionen des Spielers beim Schmetterball aus, damit er den gewünschten Ballflug verwirklichen kann und wie lassen sie sich begründen?

Kennzeichen der Hauptaktion innerhalb der Schlagphase

- Der Schlägerkopf wird hinter dem Rücken steil aufwärts-vorwärts beschleunigt, damit er im Treffpunkt die optimale Geschwindigkeit hat (Bild 6–9).
- Der Ball wird etwas vor dem Kopf getroffen (Bild 9) und die Schlagfläche ist im Treffpunkt leicht nach vorne geneigt, damit der Ball die gewünschte Flugbahn erhält.
- Die Schlagfläche wird vor allem auf Grund der Pronation des Armes erst kurz vor dem Treffpunkt senkrecht zur Schlagrichtung gedreht (Bild 8, 9).

6 5 4 3 2 1

Kennzeichen der Hilfsaktionen

Ausholphase

- Der Schläger wird mit Rückhandgriff gefaßt, um einen optimalen Treffpunkt zu erreichen.
- Zu Beginn der Ausholphase wird der Schläger im Gegensatz zum Aufschlag, vor allem aus Zeitgründen, vor der rechten Körperseite nach hinten-oben geführt (Bild 1, 2).
- Das Gewicht wird auf den nach hinten gesetzten rechten Fuß verlagert (Bild 1, 2).
- Der Oberkörper neigt sich rückwärts bei gleichzeitiger leichter Drehung um die eigene Achse bis zur seitlichen Stellung bezüglich der Flugbahn des Lobs (Bild 1–3).
- Der linke Arm streckt sich aus Gleichgewichtsgründen in die Höhe; außerdem wird dadurch die Rückwärtsneigung der Schulterachse unterstützt (Bild 2).

Schlagphase

- Während der Schlagbewegung dreht sich der Oberkörper, um sie zu unterstützen, wobei die rechte Schulter höher kommt als die linke.
- Der Körper wird zum Treffpunkt hin gestreckt, um den Ball in optimaler Höhe zu treffen; im Treffpunkt sind Körper, Arm und Handgelenk voll gestreckt (Bild 6–9); das Gewicht ist auf dem linken Fuß, damit der Ball im höchstmöglichen Punkt getroffen werden kann.

Ausschwungphase

- Nach dem Treffpunkt rotiert der Unterarm im Vergleich zum Aufschlag geringer (Bild 9, 10), und der Ausschwung endet ungefähr vor der linken Körperhälfte; das Kippen des Handgelenkes nach rechts ist nicht ausgeprägt.
- Der Oberkörper folgt dem Ball und beugt sich weiter nach vorne.
- Aus Gleichgewichtsgründen bewegt sich der linke Arm vor den Körper (Bild 10–12).

Bewegungsspielräume mit ihren Vor- und Nachteilen

Ausholphase

- Manche Spieler halten den Schläger mit dem *Mittelgriff;* dieser Griff kann allerdings eine gewisse Bewegungseinschränkung im Handgelenk verursachen.
- Manche Spieler holen mit einer *Pendelbewegung* wie beim Aufschlag aus; dies führt besonders bei schnellen Lobs zu Zeitknappheit und zu Verspätung des Armschwungs; eine verflachte Pendelbewegung sollte in solchem Fall angestrebt werden; bei manchen Spielern führt die Pendelbewegung allerdings zu besserer Harmonie der Gesamtbewegung.
- Je nachdem, wie weit der Lob über die linke Schulter gespielt wurde, sind *Oberkörperdrehung und -neigung verschieden stark ausgeprägt.*

Schlagphase

- Manche Spieler führen die *Schleife* hinter dem Rücken genausoweit aus wie beim Aufschlag; dies kann den Nachteil haben, daß bei Zeitnot zu spät getroffen wird.
- Bei einem langen Lob muß man den Ball oft in einer *starken Rücklage* des Oberkörpers schlagen, wodurch der Körpereinsatz nicht optimal ist; bei solchem Schmetterball wird auch häufig mehr Drall eingesetzt.

Ausschwungphase

- Manchmal wird der Schläger wie beim Aufschlag *am Körper links vorbei* ausgeschwungen.
- Gelegentlich muß man fast ohne Körpereinsatz *nur mit dem Arm schlagen,* und der Oberkörper bleibt nach dem Treffpunkt in Rücklage.

Häufige Mängel und Fehler

Ausholphase

▽ *Vorhandgriff;* dadurch wird die Streckung des Handgelenks im Treffpunkt beeinträchtigt, der Ball kann nicht im höchstmöglichen Punkt getroffen werden.

▽ *Keine Rotation* des Körpers; dadurch wird der Beschleunigungsweg nicht optimal vorbereitet.

▽ Die Pendelbewegung und die Schleife hinter dem Rücken werden auch *in Zeitnot genauso weiträumig ausgeführt wie beim Aufschlag;* dadurch ist vor allem bei schnellen Lobs die Schwungbahn des Schlägers zu lang und der Ball wird zu spät getroffen.

▽ *Kein Vorrücken* bei einem kurzen Lob, um unter den Ball zu kommen; dadurch liegt der Treffpunkt zu weit vorne und zu tief, so daß der Ball zumeist ins Netz geschlagen wird.

Abb. 96: Gebeugter Schlagarm

Schlagphase

▽ *Keine Streckung des Schlagarmes;* dadurch wird der Ball mit vermindertem Schwung und nicht im höchstmöglichen Punkt getroffen (Abb. 96).

▽ *Bewegungsrichtung des Schlägers erfolgt schräg zur Schlagrichtung;* dadurch bekommt der Ball viel Drall und zu wenig Geschwindigkeit.

▽ *Treffen des Balles seitlich über der rechten Schulter;* dadurch wird der Ball nicht im optimalen Punkt getroffen (Abb. 97).

▽ *Sehr frühes Vorbringen des Oberkörpers;* der Ball wurde

Abb. 97: Treffen des Balles seitlich über der Schulter

nicht im höchstmöglichen Punkt bei voller Streckung des Körpers getroffen.

Ausschwungphase

▽ *Sehr kurzer Ausschwung,* er endet vor der Brust; dies ist ein Zeichen dafür, daß mit zuwenig Schwung geschlagen wurde.

Das Foto zeigt keine optimale Stellung unter dem Ball.

Beinarbeit

Ziele, Voraussetzungen und Grundlagen der Beinarbeit

Beobachten wir einen Tennisspieler beim Üben, Trainieren und im Wettkampf, dann finden wir folgende Grundsituation vor: Der vom Gegner geschlagene Ball wird in einer Ausgangsstellung erwartet. Sobald antizipiert werden kann, in welcher Richtung und mit welcher Geschwindigkeit der Ball fliegt, beginnt sich der Spieler auf einen Schlag vorzubereiten und gegebenenfalls zur erforderlichen Schlagposition zu laufen. Sein Ziel muß es also sein, rechtzeitig in diese Schlagposition zu gelangen, so daß er diejenige Technik anwenden kann, die seinem taktischen Ziel entspricht. Aus der Beschreibung dieser Situation wird sichtbar, daß Tennis in hohem Maße auch eine Laufsportart ist. Im Tennis gibt es keinen einzigen Schlag, der nicht durch die Beinarbeit beeinflußt wird. Auch die Analyse der Weltklassespieler zeigt eindeutig, daß dies für ihre Leistungen von entscheidender Bedeutung ist. Die Beinarbeit stellt deshalb einen leistungsbestimmenden Faktor dar.

Aus der Beschreibung dieser Situation ergibt sich auch, welche Ziele, Voraussetzungen und Grundlagen der Beinarbeit gegeben sind:

Dynamischer Start zur Rückhandseite

Ziele
- Der richtige Abstand zum idealen Treffpunkt des Balles.
- Zweckmäßigkeit der Beinarbeit zur Erreichung dieses richtigen Abstandes.

Voraussetzungen
- Schnelligkeit.
- Anpassungsfähigkeit an Situationen.
- Koordinationsfähigkeit zur Verbindung von Beinarbeit und Schlagtechnik.

Grundlagen
- Situationsangemessene Ausgangsstellung.
- Techniken des Sich-Bewegens und Laufens zur gewünschten Schlagposition.
- Techniken zur Einnahme der richtigen Schlagposition.

Ziele

Der richtige Abstand zum idealen Treffpunkt des Balles

Den optimalen Schwungeinsatz im Treffpunkt erreicht man nur über einen richtigen Abstand des Körpers zum Ball. Dies ist nur durch perfekte Beinarbeit möglich, d. h., daß man bis zum Einsatz der Schlagbewegung unter Umständen durch Feinkorrekturen der Fußstellung und Beinbewegung den Körpereinsatz präzisieren muß.
Vor allem auf Hart-, Kunststoff-, Teppich- und Rasenplätzen, auf denen das Rutschen kaum möglich ist, kommt der Präzision der Beinarbeit unmittelbar vor und während des Schlages, um den richtigen Abstand zum Ball zu erreichen, eine besondere Bedeutung zu.

Zweckmäßige Beinarbeit zur Erreichung des richtigen Abstandes zum idealen Treffpunkt des Balles

Das Erreichen der richtigen Schlagposition soll mit *situationsangemessenen, ökonomischen* und *rechtzeitig* ablaufenden, also insgesamt zweckmäßigen Bewegungsabläufen erfolgen. Ökonomisch heißt kraftsparend, wobei das individuelle Temperament der einzelnen Spieler zu berücksichtigen ist. Rechtzeitig heißt, weder zu spät zu starten noch zu früh in die endgültige Schlagposition zu gelangen, so daß die Bewegungsabläufe harmonisch ineinander übergehen können.

Voraussetzungen

Schnelligkeit

Der Tennisspieler hat beim Sprint auf dem Platz maximal 14 m zu überwinden. Die meisten Sprints erstrecken sich über 2,5 bis 6 m, wobei der Durchschnitt bei etwa 4 m liegt. Aufgrund dieser Tatsache können wir die Behauptung aufstellen, daß vor allem Schnellkraft (beim Start) und Kraftschnelligkeit (beim kurzen Sprint) im Tennis dominieren.

Anpassungsfähigkeit an Situationen

Vor allem im wettkampforientierten Tennis ist es aufgrund der Spielidee das Ziel der Spieler, sich gegenseitig auszuspielen, d. h. den Gegner in unlösbare oder schwer zu lösende Spielsituationen und ungünstige Platzpositionen zu bringen. Es kommt also auf die Fähigkeit an, sich solchen, häufig außergewöhnlichen Situationen anzupassen. Es werden dabei nicht nur geradlinige, sondern sehr oft auch bogenförmige Laufstrecken zurückgelegt. Die Laufrichtung kann vorwärts bzw. schräg-vorwärts, seitwärts oder auch rückwärts bzw. schräg-rückwärts sein. Dabei wendet man Sidesteps, Kreuzschritte oder Wechselschritte an; etliche Schläge (Schmetterbälle, Flugbälle) muß man auch im Sprung spielen. Dies erfordert wiederum ein hohes Maß an Gewandtheit und Koordinationsfähigkeit. Oft wird man auch gezwungen, auf dem »falschen« Fuß, aus der Rücklage, in sehr starker Kniebeuge und bei sehr hoher Körpergeschwindigkeit zu schlagen. Besonders für diese schwierigen Situationen braucht man eine perfekte Beinarbeit, denn nur durch sie kann man sich aus all diesen Schwierigkeiten retten. Hierzu ist es wichtig, daß man sich auf dem Platz leicht und locker bewegt, daß die Beine während des Ballwechsels keinen Augenblick auf den Fersen ruhen, sondern durch fortlaufende, abwechselnde Bodenberührungen der Fußballen aktiv bleiben, daß man jederzeit in jede Richtung startbereit ist und daß die Knie nie gestreckt sind. Hierfür ist es notwendig, daß schon beim Üben und Trainieren situationsgerecht solche Bewegungen in unterschiedlichen Positionen dauernd wiederholt werden, denn die vielfältigen Möglichkeiten der Beinarbeit setzen ein hohes Maß an Improvisationsfähigkeit voraus.

Koordinationsfähigkeit zur Verbindung von Beinarbeit und Schlagtechnik

Die Auslösung der Schlagbewegung erfolgt grundsätzlich von unten nach oben; es kommt zu einer Kettenreaktion der einzelnen Schlagimpulse in dieser Richtung (siehe S. 17). Hierfür ist generell eine stabile und den einzelnen Schlagarten angepaßte Fußstellung Voraussetzung, denn nur sie ermöglicht als erstes Glied dieser Kettenreaktion die Auslösung der richtigen Bewegungskoordination. Gleichzeitig wird durch die Fußstellung eine angemessene Gewichtsverlagerung ermöglicht, was vor allem für die Sicherheit und Präzision des Schlages ausschlaggebend ist.

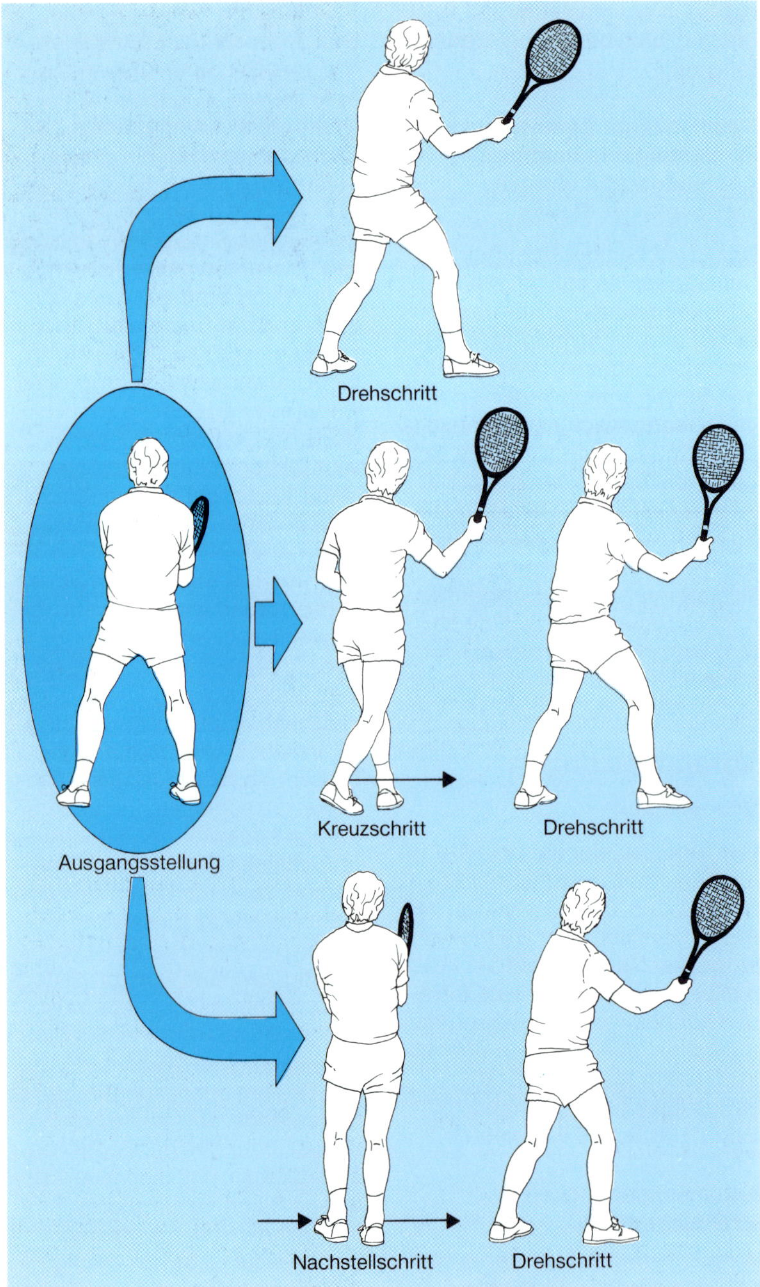

Abb. 98: Möglichkeiten der Bewegung zur Seite

Abb. 99: Ausgangsstellung

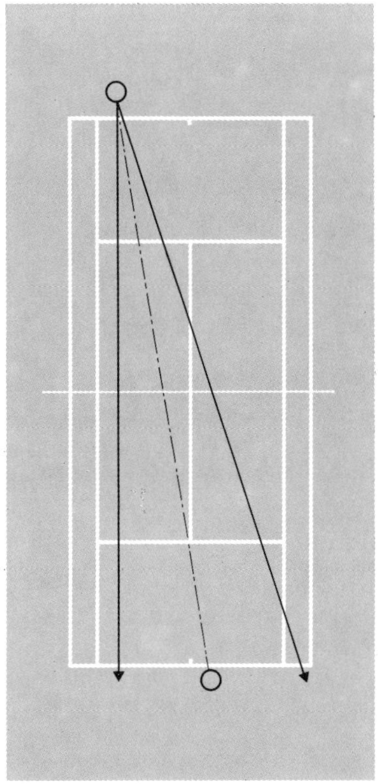

Abb. 100: Position der Ausgangsstellung

Abb. 101: Start zur Schlagposition

Grundlagen

Situationsangemessene Ausgangsstellung

Die richtige Ausgangsstellung ist die Voraussetzung für einen guten und rechtzeitigen Start in alle Richtungen. Der Körper soll dabei entspannt, die Füße etwa schulterbreit auseinandergestellt, die Knie leicht gebeugt und der Oberkörper ebenfalls leicht nach vorne geneigt sein; das Körpergewicht ist vor allem auf die Fußballen verlagert (Abb. 99).
In dieser Stellung soll man im normalen Fall den Ball ca. 1 bis 1,5 m hinter der Grundlinie stehend erwarten, wobei dieser Standort auf der Mittellinie des Winkels der gegnerischen Schlagmöglichkeiten liegen sollte (Abb. 100).

Techniken des Sich-Bewegens und Laufens zur gewünschten Schlagposition

Aus der Ausgangsstellung startet man zum beabsichtigten Schlag meistens mit dem zur Schlagseite näherstehenden Bein (Abb. 101). Ideal ist es, wenn der erste Schritt schräg-vorwärts dem ankommenden Ball entgegen erfolgen kann; in bedrängten Situationen kann dieser Schritt aber auch zur Seite oder rückwärts gemacht werden. Die Schrittzahl hängt von der Entfernung zum Treffpunkt ab. Grundsätzlich soll man kleine Schritte machen, in der Regel soll aber zwischen dem Start und der Treffsituation eine geradzahlige Schrittzahl zustande kommen, die die Koordination mit der Aushol- und Schlagbewegung erleichtert.

Abb. 102: Bewegung mit Sidesteps zur Schlagposition

Als Bewegungstechniken werden u. a. folgende eingesetzt:

- Schnell aufeinander und auf der Stelle erfolgende »Trippelschritte« auf den Fußballen sowie beidbeiniges Springen am Ort; diese Techniken werden vor allem bei der Erwartung des gegnerischen Balles angewandt.
- Sidesteps; diese Lauftechnik wird in erster Linie bei der Überwindung kurzer Entfernungen zur Schlagposition sowie zur Wiedereinnahme einer günstigen Ausgangsstellung nach der erfolgten Schlagbewegung benutzt (Abb. 102).
- Kreuzschritte; sie werden üblicherweise als Übergangsschritte zu anderen Lauftechniken und zur Schlagposition sowie zur Unterstützung der Gewichtsverlagerung bei der Schlagbewegung angewandt (Abb. 103, 104).
- Nachstellschritte; sie werden eingesetzt, um die letzte Abstandskorrektur vor dem Einnehmen der Schlagposition vorzunehmen.
- Technik des Antritts analog zum leichtathletischen Sprint; diese Technik wird vor allem benützt, um größere Laufstrecken zu überwinden (Abb. 105).

Abb. 103: Kreuzschritt rückwärts (Tango-Schritt)

Abb. 104: Kreuzschritt beim Lauf nach vorne

Abb. 105: Normale Laufschritte

Abb. 106: Offene Schlagstellung

Techniken zur Einnahme der richtigen Schlagposition

Der vorletzte Schritt vor der Schlagbewegung soll mit dem rechten Fuß bei der Vorhand und mit dem linken bei der Rückhand erfolgen. Der letzte Schritt, der bei der Vorhand mit dem linken und bei der Rückhand mit dem rechten Fuß erfolgt, soll möglichst in die beabsichtigte Schlagrichtung zielen, um die Koordination mit der Gewichtsverlagerung und dem Schlagschwung zu erreichen. Man unterscheidet eine seitliche und eine offene Schlagstellung. Beim Vorhandschlag spricht man dann von einer seitlichen Stellung, wenn die Verbindungslinie der Fußspitzen genau in die Abflugrichtung des Balles (Schlagrichtung) bzw. schräg nach rechts verläuft. Ist die Verbindungslinie links von der Schlagrichtung, spricht man von einer offenen Schlagstellung (Abb. 107). Beim Rückhandschlag sind die Verhältnisse entsprechend umgekehrt. Die offene Fußstellung wird vor allem beim Topspinschlag mit Vorhand eingesetzt (Abb. 106), insbesondere von

Abb. 107: Definition von offener und seitlicher Schlagstellung

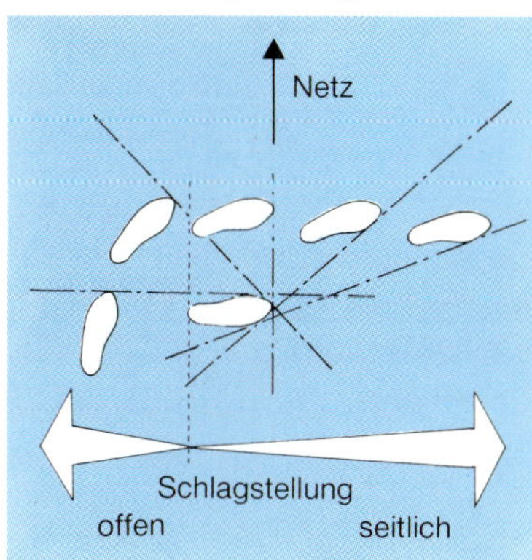

Spielern, die für den Vorhandschlag allgemein den extremen Vorhandgriff benutzen.
Man sollte sich stets bemühen, aus fester Fußstellung zu schlagen, weil dadurch Präzision und Schlagsicherheit erhöht werden. Angriffsschläge sowie Schläge, die man bei hoher Körpergeschwindigkeit schlagen muß, werden in der Regel ausgelaufen, wobei beim Vorhandschlag der vordere Fuß häufig erst nach dem Treffen des Balles aufgesetzt wird; manchmal allerdings ist das Gewicht schon auf dem vorderen Bein und das hintere wird nach dem Treffen nach vorne gebracht. Beim Rückhandschlag ist das Gewicht auf dem vorderen Bein, das hintere wird entweder rückwärts (Tangoschritt) oder vorwärts übersetzt.
Während der Schlagbewegung wird in der Regel das Körpergewicht vom hinteren Fuß auf den vorderen verlagert. Diese Körpergewichtsverlagerung ist noch vor dem Treffpunkt beendet, wobei bei der Rückhand diese Verlagerung noch früher vollzogen wird als bei der Vorhand. Die Gründe dafür sind der Schlagimpuls, der immer aus dem zum Schlagarm näheren Bein erfolgt (Stemmbein – dies ist bei einem Rechtshänder das rechte) sowie das biomechanische Prinzip der Koordination von Teilimpulsen (siehe S. 17).
Nur wenn die Verlagerung des Körpergewichts in der beschriebenen Art erfolgt, ist die optimale Koordination mit anderen am Schlag beteiligten Körperteilen sowie die daraus resultierende Schwungunterstützung gegeben.

Kompetenz, die Sie nutzen sollten!

Tennis-Lehrplan

Der Tennis-Lehrplan ist das offizielle Lehrplanwerk des Deutschen Tennis Bundes und die Grundlage der gesamten Tennis-Ausbildung in der Bundesrepublik.

Band 1: Methodik

Lernen, Lehren, trefforientierte Methode, Tennisunterricht mit verschiedenen Zielgruppen.

4., völlig neubearbeitete Auflage (Neuausgabe), 107 Seiten, 92 Fotos

Band 3: Technik: Situationen und Variationen

Schlagarten für das Wettkampf-Tennis, Beinarbeit, Bewegung auf dem Platz, Technik und Taktik.

5., völlig neubearbeitete Auflage (Neuausgabe), 95 Seiten, 278 Farbfotos, 8 s/w-Fotos, 51 Zeichnungen

Band 5: Konditionstraining/Trainingslehre

Wettkampftennis, Techniktraining, Taktik, Kondition, Trainingsplanung, psychologische Grundlagen, Ernährung.

2., völlig neubearbeitete Auflage (Neuausgabe), 123 Seiten, 19 Fotos, 66 Zeichnungen

Deutscher Tennis Bund

Lehrbuch Tennis

Kompetentes Lehrbuch in moderner Konzeption und attraktiver, farbiger Ausstattung, das Technik und Taktik des Tennisspiels einprägsam darstellt.

2. Auflage, 143 Seiten, 95 Farbfotos, 10 s/w-Fotos, 24 farbige Bildserien mit 292 Einzelabbildungen, 73 farbige Zeichnungen

BLV Verlagsgesellschaft München

BLV Sportpraxis 252

Dieter Birkner

Tennisregeln leicht verständlich

Regeln, Ranglisten, Turniere

Geschichte, Spielidee, Spielregeln, Wettkampfregeln, Ranglisten, Verhaltenskodex, Organisation, Turniertennis, Schieds- und Linienrichter, Fachwortlexikon.

128 Seiten, 20 Fotos, 33 zweifarbige Zeichnungen

BLV Sportwissen 404

Karl Weber

Tennis-Fitness

Speziell für Tennisspieler: alle wesentlichen sportmedizinischen Erkenntnisse, Training, Ernährung, Gesundheit, Verletzungen.

158 Seiten, 15 Fotos, 70 Zeichnungen

Dr. James Gavin

Welcher Sport für wen?

Eingehende Betrachtung der Beziehung zwischen Körpertraining und Psyche sowie alle Faktoren, die berücksichtigt werden müssen, um den typgerechten Sport zu finden und dadurch mehr Spaß und Lebensfreude zu erlangen.

271 Seiten, 52 Zeichnungen

In unserem Verlagsprogramm finden Sie Bücher zu folgenden Sachgebieten:

Garten und Zimmerpflanzen · Natur · Angeln, Jagd, Waffen · Pferde und Reiten · Sport und Fitness · Reise und Abenteuer · Wandern und Alpinismus · Auto und Motorrad · Essen und Trinken · Gesundheit.

Wünschen Sie Informationen, so schreiben Sie bitte an:
BLV Verlagsgesellschaft, Postfach 40 03 20, 8000 München 40